장사의 기술

장사의 기술

600년 병영상인의 비밀

주희춘 지음

한국경제신문

조선시대 역사를 돌이켜볼 때 상인만큼 조명을 받지 못한 직업이 드물다. 그들은 사회 하층민으로 장돌뱅이 취급을 받았다. 일제강점기를 거쳐 해방 후에도 사정은 크게 달라지지 않았다. 자본주의가 보편화되면서 큰돈을 모은 대상(大商)이 사회 무대에 나선 적은 많지만, 이름 없는 상인은 늘 역사의 그늘 속에 가려져 있었다.

고려시대는 달랐다. 해외 교역이 일반적인 일이었고 상인들이 자본을 축적하는 것은 큰 미덕으로 통했다. 고려를 세운 왕건이 상인 출신이라는 사실은 널리 알려져 있다. 고려시대 개성상인이 중국 등과 해외 무역을 하며 국내 상권을 장악하던 것은 자연스러운 일이었다. 그래서 북에는 개성상인이 있다는 이야기가 자연스럽게 역사가 됐다.

병영상인은 우리나라 역사에서 가장 상업이 억제된 시대에 태어났다는 특수성을 띤다. 병영성이 들어선 1417년 조선왕조는 봉건적 질서 유지를 위해 농업을 중시하고 상업을 금지하는 '중농억상(重農抑商)' 정책을 펴고 있었다.

그럼에도 전라도 강진 병영성 주변에는 엄청나게 많은 사람들이 모여 살았다. 병영에서 소비되는 물건 또한 막대했다. 병영 사람들은 자연스럽게 상업에 뛰어들었다. 또 밑바닥부터 기술을 습득하고 일정한 돈이 모이면 다른 시장으로 과감히 떠나갔다. 이것은 마치 민들레 씨앗이 바람을 타고 멀리까지 날아가 그곳에 자손을 퍼뜨리는 것과 같았다.

민들레 씨앗은 전국으로 퍼져나갔다. 서울, 부산, 광주, 인천, 대전 등으로 시장이 서는 곳이면 어디든 병영 사람들이 뿌리를 내렸다. 밑바닥부터 장사를 배운 사람들이라 어디를 가나 실패하는 법이 없었다. 그래서 이런 말이 생겨났다.

- 병영에서 아이 낳을 때 잘 나오지 않으면 "옛다 저울" 하면 금방 나온다.
- 병영상인은 고춧가루를 먹고 천길 물속을 달린다.
- 병영상인은 말 꼬리로 만든 붓 12자루만 있으면 밖에 나가 1년 먹을 것을 벌어온다.
- 병영 사람은 "강진군수 할래, 장사꾼 할래?" 물으면 다들 "장사꾼

할라요!" 한다.

병영상인은 조선시대를 거쳐 1980년대 후반까지 대한민국 전국의 시장에서 숨을 멈추지 않았다. 때론 그곳을 장악하기도 하고, 때론 조용히 숨죽이면서 그들만의 장사 기술을 이어왔다. 비록 역사 전면에 나서는 대상이 나오지는 못했지만, 병영상인은 누구에게 뒤떨어져본 적이 없다. 역사적으로 대부분의 상인들이 자신들의 출신 지역을 중심으로 상권을 형성했지만, 병영상인은 전국적으로 가장 광범위한 시장에 발을 뻗었다. 그들은 아주 특수한 상업 집단으로 기록될 만한 사람들이다. 그래서 "북에는 개성상인, 남에는 병영상인"이라는 말이 생겨났을 터.

병영상인을 처음 취재하면서 '아무려면 개성상인에 견주려고' 하는 의구심이 들었던 것도 사실이다. 그러나 그들의 행적을 따라가면 갈수록 개성상인을 뛰어넘는 큰 바다를 느낄 수 있었다. 병영상인의 역사는 깊고, 그 세력은 광범위하다. 그 깊이와 너비를 가늠할 때면 놀라움을 멈추기가 어렵다. 조선이라는 시대, 전라도 강진 병영이라는 지역에 국한된 그들이 아니라 지금 내놔도 결코 뒤떨어지지 않는 경영 노하우를 가진 위대한 상인으로서 그들의 존재가 널리 알려지기를 바랄 뿐이다.

책이 만들어지기까지 취재에 적극 협조해주신 병영상인 후손들과 병영 주민 여러분들께 감사드린다. 이 책의 간행을 위해 도움을 주신 강진원 군수님과 군 관계자 여러분, 군의원님들께도 감사드린다. 늘 따뜻한 지도를 해주신 전남대 경영학부 박성수 교수님의 배려와 열의 또한 잊을 수 없다. 여러 가지 부족한 원고에 추천사를 올려주신 연세대학교 박영렬 교수님, 최현만 미래에셋 수석부회장님, 김주진 엠코테크놀로지 회장님 등께 감사드리며, 이 책이 나오기까지 고생해주신 한국경제신문 관계자 여러분의 헌신 어린 노력에 감사할 따름이다.

올해 팔순을 맞으신 어머니, 늘 힘이 되어주는 아내 김순정, 항상 행복을 주는 딸 송은과 아들 현승, 현준, 어려울 때마다 늘 용기를 북돋워주시는 장인 김동진, 장모 곽명순 님께 이 책을 바친다.

어머님이 계시는 고향에서

주희춘

|3부|

민들레 씨앗처럼 뻗어나간 후예들

9 788 9294 17

| 1부 |

개성상인을 뛰어넘는
병영의 거상들

병영이 배출한
거상 박기현

을미년(1895년) 4월 9일, 강진 병영의 한 거상이 충남 공주약령시장에 도착했다. 한약재를 구입하기 위해서였다. 공주약령시는 조선시대 손꼽히는 한약재 시장이었다. 이 약령시는 1년에 한두 차례 열렸는데, 매번 사람들로 북적이곤 했다.

거상은 여러 명의 말몰이꾼과 짐꾼들을 대동했다. 북적이던 사람들이 순간 길을 터주었다. 말몰이꾼 몇이 선두에서 짐을 그득 실은 말을 이끌고 지나가고 이어 거상이 말을 타고 지나갔다. 그리고 그 뒤를 봇짐을 짊어진 짐꾼들이 따랐다. 이따금씩 말들은 '히이잉' 하고 거친 울음소리를 토해냈다. 말들의 등허리엔 약을 구입하기 위한 현금과 비단 3필(75냥), 백목 30필(190냥)이 실려 있었다.

거상의 이름은 바로 강재 박기현(朴冀鉉, 1864~1913). 그는 당시 병영상인의 대표적 인물로 전국을 상대로 상품을 거래하며 그야말로 거상으로 이름을 떨치고 있었다. 그는 노잣돈으로 20냥을 준비했다. 비단과 백목은 현지에서 팔거나 물물교환으로 거래하기 위한 것들이었다.

그는 인근에 숙소를 잡은 뒤, 다음 날부터 본격적으로 '쇼핑'을 시작한다. 첫날은 시호(미나리 종류) 5근, 백봉령 5동, 율무, 치자, 세신(족두리풀의 뿌리를 말린 약재) 등 국산 한약재 40여 종을 구입했다. 그다음 날에는 인삼과 먹, 중국산 한약재(당재)를 구입했다. 이렇게 약재 구입은 10여 일 동안 줄기차게 계속되었다.

당시 구입했던 한약재는 다양했다. 감초부터 우황, 당사향, 곽향, 대복피(거북 껍질), 진주, 웅담 등 종류가 무려 30가지가 넘었다. 이 한약재들을 싣고 강진으로 돌아가려면 말 위에 그것들을 실어줄 사람이 필요했다. 박기현은 그 사람에게 12냥을 지급했고 짐꾼에게는 13냥을 지불했다. 또 병영에서부터 동행한 말몰이꾼들에게는 50냥을 지불했다. 이렇게 해서 들어간 비용은 약재 구입비를 포함해 총 342냥이었다. 지금으로 따져보면(1냥을 30만 원으로 치면) 약재비를 포함해 각종 부대비용까지 1억 2000만 원 정도의 비용이 투입된 것이다. 아무리 거상이라 해도 한 개인이 치른 비용 치곤 실로 어마어마한 금액이 아닐 수 없다.

박기현이 공주약령시에서 구입한 약재 종류와 구입비용, 물류비용, 기타 잡비 등의 기록은 그가 친필로 기록한 《공주령무약기(公州

市貿藥記)》라는 작은 책자를 통해 전해온다. 기록에는 대구약령시에서 약을 구입한 사례도 나오고, 부산의 동래에서까지 한약재를 구입해온 경우도 여러 차례라고 기술돼 있다. 한약재를 조달하는 곳이 비단 공주약령시만은 아니었던 것이다.

이런 엄청난 규모의 한약재를 구입했다는 것은 기실 이를 판매할 소비처가 있었다는 뜻이다. 도대체 박기현은 이 많은 한약재를 구입해서 어디에, 또 어떻게 사용했을까.

이러한 궁금증은 그가 친필로 기록한 《각처각국거래책(各處各局去來冊)》을 보면 금세 풀린다. 이 책은 쉽게 말해 거래장부다. 그는 이 장부에 각 지역 한약방들과의 거래 내용을 면밀히 기록해놓았다. 그는 전국의 약령시장에서 구입한 한약재를, 다시 지역의 수많은 한약방에 공급하고 있었던 것이다. 지금 식으로 말하면 그는 도매업을 벌이고 있었던 것인데, 당시 사회에서 도매업은 막대한 자본력과 상업 기술을 갖춘 병영상인이 아니었으면 감히 엄두를 낼 수 없는 것이었다.

그는 도매업이 번창하자 더 많은 약재를 확보해야만 했다. 공주, 대구, 부산뿐 아니라 남원, 전주, 제주, 능주, 고흥, 금산 등에서 끊임없이 약재를 구입했다. 여기서 눈여겨볼 만한 것은 약재를 구입한 방법이다. 그는 공주약령시에 갈 때처럼 본인이 손수 짐꾼들을 거느리고 가기도 했지만, 대부분 그 지역에 갈 일이 있는 다른 병영상인들을 통해 구입할 때가 많았다. 이를테면 부산에 어물을 사러

강재 박기현이 말년에 살았던 전남 강진군 작천면 용상리 생가.
병영면 소재지에서 한약방을 운영했던 강재는
동학혁명으로 병영 일대가 불타자 이곳으로 이사와 여생을 보냈다.

가는 병영상인에게 "그쪽 가는 참에 내 한약재 좀 사오소"라고 부탁하는 식이다. 실제로 1906년 7월 11일에는 부산 동래에 가는 이돈실이란 사람을 통해 약재를 구입해오게 했고, 역시 같은 해 동래의 목촌국이라는 약방에서 약재를 살 때는 전경채라는 사람을 통해 사오도록 했다는 기록이 있다.

이를 통해 병영상인들 나름대로 전국의 시장 동향을 잘 파악하고 있었고, 자신들의 이동망을 통해 필요한 물건을 신속하게 주고받는 체계가 확립돼 있었음이 확인된다. 이것이 당시 병영상인이 지녔던 큰 경쟁력이었다.

박기현이 한약재 도매상과 한약방을 병행하며 기록해놓은 각종 기록들을 제외하면, 사실 병영상인에 대한 역사적인 기록은 전무하다. 병영상인에 대한 활동 상황이나 행적은 구전으로 내려오는 게 대부분이다.

기록이 없는 까닭은 여러 가지가 있는데, 먼저 병영상인들 중에 진정한 거상이 없었다. 최인호의 소설 《상도》에 나오는 임상옥 같은 거상 중의 거상 말이다. 의주상인 임상옥은 1796년(정조 20)부터 상업에 종사하기 시작해 우리나라 최초로 국경 지방의 인삼 무역권을 독점했던 사람이다. 병영상인은 이와 달리 대부분 보부상 출신의 중소상인이었다.

또한 1894년 6월 10일 동학혁명군에 의해 전라병영성이 함락될 때 병영 일대가 불바다가 되다시피 했다. 당시 병영 전투에서 민가

3000~5000여 호가 불에 탄 것으로 전해진다. 화재 당시 많은 기록물들이 불태워졌고, 이 때문에 사람들의 관심도 없었고 연구도 부진했다. 박기현이 남긴 기록의 가치는 그래서 더욱 빛난다. 이러한 공백을 충분히 메워주고도 남는 보물 같은 자료인 것이다.

구체적인 기록이 없어서 확인할 수 없지만, 당시 병영에서 서남부 지역을 대상으로 도소매업을 했던 이가 비단 박기현 한 사람만은 아니었을 것이다. 한약재는 특수한 상품에 가깝다. 그것보다는 옷감이나 담배와 같은 생필품 유가 훨씬 더 큰 비중을 차지하며 거래됐을 것이다. 병영에 본점을 두고 각 지역을 상대로 생필품을 취급하는 거상들도 분명 있었을 것이다.

병영상인의 태동은 1417년으로 거슬러 올라간다. 그해는 전라도 병마절도사영이 설치되던 해였다. 그로 말미암아 거대한 토목공사가 일어났고 전라남북도에서 제주도까지 사람들이 몰리면서 물자 수요가 폭증했다. 조선시대 군영은 세금을 거둬들인 뒤, 보급 물품을 주로 현지에서 조달했기 때문에 그 역할을 담당할 상인들이 필요했다.

병영상인의 태동은 이를 배경으로 하고 있다. 이후 병영상인은 전라병영성의 한 축으로서, 1896년 병영성이 폐영될 때까지 400여 년 동안 왕성한 활동을 펼쳤다. 이 과정에서 병영성 주변은 자연스레 상업이 발전했고 강재 박기현 같은 대상인도 출현했다.

지금도 그렇지만 상권을 장악한다는 것은 자본이 뒷받침돼야 가능한 일이다. 우리나라 서남부 지역 중 400년 이상 상업이 발달한 곳은 찾아보기 어렵다. 경상도 통영 정도를 꼽을 수 있을 뿐. 다시 말해 병영 지역 상인만큼이나 자본을 축적한 이는 없었다는 이야기다.

그렇다면 강재 박기현의 당시 재산은 얼마나 되었을까? 이는 당시 병영상인들의 자본 축적 정도를 가늠할 수 있는 중요한 기준이 된다. 《을미년축감집석기》라는 책에서 그는 가을 추수 때 거둬들인 소작료를 구체적으로 기록하고 있다. 여기에는 논이 있는 장소와 논을 경작하고 있는 소작인의 이름까지 나온다.

한약도매상과 한약방을 함께 운영했던 그는 물건 구입을 위한 현금을 따로 보관하고 있었다. 그리고 부동산도 상당량 보유하고 있었다. 논이 있던 병영과 옴천을 기본으로 해서, 군동 지역과 장흥군 유치, 평장, 보성군, 고흥군 일대를 망라했다.

그는 중간에 일종의 관리인인 '마름'을 두고 소작인들을 관리했다. 《을미년축감집석기》에 따르면, 병영의 들녘에 있는 5마지기 논을 김동렬이라는 사람이 경작하고 있는데, 소작료로 벼 4섬(1섬은 두 가마)을 냈다. 그런데 이 사람이 소작료를 내면서 도미 한 마리도 함께 가져왔다. 소작료와 함께 가져온 도미는 경제 전문용어로 '경제 외적 강제'라고 한다. 쉽게 말해, 다음 해에도 소작을 할 수 있도록 그의 환심을 사기 위한 작은 선물이었던 셈이다. 당시 사회의 지주

강재 박기현의 위패를 모시고 있는 사당.
강진군 작천면 용상리에 있다.

와 소작인의 관계를 알 수 있는 재미있는 대목이다.

박기현의 재산은 이 밖에도 임야나 밭, 건물 등 헤아릴 수 없을 정도로 많았을 것으로 추정된다. 그와 마찬가지로 병영상인들 중에 자본을 축적한 사람들은 곳곳에 땅을 구입했다. 이러한 자산들은 매년 수확 철이면 일정량의 소작료가 발생해 고스란히 병영 지역으로 유입되었다. 전국의 상품을 사고파는 병영상인 보부상들 또한 상당 규모의 자금을 고향으로 가져왔다. 병영 지역의 경제 규모가 실로 어마어마했으리라는 걸 어렵지 않게 짐작할 수 있다.

병영 지역은 전라병영성이라는 운영 구조를 통해 이미 그러한 기반이 확고히 잡혀 있었다. 병영성은 제주도를 포함한 전라도 지역 53주 6진을 관할했고, 병영성에 소속된 군인만 해도 1만 122명이었다. 이중 군관과 군병, 장인 등 515명이 돌아가면서 병영에 들어와 근무했기 때문에 병영은 전라도 53주 6진에서 사람들이 모여들었다.

전라병영성은 자체 징수 기능을 가지며 관할 53주 6진 지역 주민들로부터 각종 세금을 거둬들이고, 이를 다시 빌려주어 이자 수익을 올리는 형태로 운영됐다. 군량미의 유지와 각종 병기의 제조 및 수리, 장교들의 급료 지급 등을 위해 군영은 막대한 재정을 필요로 했다.

전라병영은 당시 전라도 53개 군현 중에서 김제, 금구, 용안, 옥구, 흥덕을 제외한 나머지 48개 지역에서 부세를 받았으며, 강진 내에 별도의 관할 면들을 확보해 병영 운영에 필요한 물자를 세금으로 거둬들였다.

《영조실록》의 영조 3년 병오년 10월의 기록에는 다음과 같은 글이 나온다.

> 동남쪽의 여러 병영 가운데, 물력(物力)이 풍부한 곳은 다만 통영과 전라병영뿐이다.

여기서 통영은 경상남도 통영시로 당시 수군통제영이 있었던 곳이다. 이처럼 당시 병영 지역에는 전라병영성을 중심으로 꾸려지는 군영 경제와 병영상인 중심으로 형성되는 상업 경제가 양대 산맥으로 존재했다. 이 두 경제는 보완적이면서 때로는 경쟁적인 관계를 유지하며 병영 지역 경제를 떠받치는 양대 축 역할을 했다.

병영상인의 태동은 전라병영성이 축조되면서부터 시작됐지만, 병영상인은 나름대로 독립적인 자본을 축적해가며 병영 지역의 단위 경제를 형성하고 있었다. 병영 지역에 돈이 많다는 점은 다양한 문화의 탄생과 유입을 가능케 했다. 한 가지 사례를 들어보자.

1970년대 초반, 우리나라 남종화의 대가인 남농(南農) 허건(許楗) 화백이 병영의 한 초가집을 찾았다. 그곳은 박기현의 집터였다. 남농은 어릴 적에 부친인 미산(米山) 허형(許瀅) 화백을 따라 이곳으로 이사왔다. 그림을 그리던 집안이 대개 그랬듯이 미산 선생의 가정은 매우 어려웠다. 미산 선생은 강재의 집에 세 들어 살며 병영 사람들에게 그림을 그려주고, 그것을 식량과 바꾸며 생활했다.

당시 미산 선생은 병풍 글씨를 많이 적어주었는데, 병영의 웬만한 가정집 가운데 미산의 병풍 글씨를 가지고 있지 않은 집이 없을 정도였다. 미산이란 큰 화가 집안이 일종의 생계유지를 위해 병영에 정착했던 것이다.

병영 출신 가야금 명인인 함동정월(咸洞庭月)의 자서전《물은 건너봐야 알고, 사람은 겪어봐야 알거든》을 보면, 이처럼 병영에 다양한 예술이 공생하고 있었음을 알 수 있다. 함동정월은 병영면 소재지인 지로리에서 태어났는데 그녀의 자서전에 이런 대목이 나온다.

> 병영에는 병사부가 있었지. 우리집 이웃에는 재산가들이 많았어. 재산가들은 집 안에 가야금과 거문고, 단소, 피리, 생황 등 별것을 다 가지고 있었어. 참 호화스러운 악기들이었지.

병영에 재산가들이 많았고 이들은 경제력이 있었기 때문에 가야금이나 거문고, 단소 등 호사스러운 악기를 많이 가지고 있었다는 설명이다. '우리집 이웃에 사는 재산가' 중에는 틀림없이 강재도 포함돼 있었을 것이다.

예술과 문화는 재산가들에게만 있는 게 아니었다. 전라병영 내에도 국가에서 인정한 공식적인 풍류와 문화가 있었다.《전라병영

강재가 남긴 수많은 거래장부.
장부의 닳은 부분이 세월의 흔적을 보여준다.

사기록》에 따르면 당시 병영 영내에는 취타대가 30명, 기생이 50명
이나 됐다. 화공과 악공도 있었다. 이들이 병영 지역에 미쳤을 영향
또한 대단했을 것이다.

결론적으로 당시 병영 지역은 막대한 재력과 인적 자원을 구비
한 경제특구나 마찬가지였고, 그곳에서 강재 박기현은 거상 중의
거상이었다.

김충식,
조선 최고 기업인을 꿈꾸다

전남 강진군에 유명한 갑부가 있다. 그의 이름은 김충식(1889~1953)이다. 호는 동은(東隱). 그는 소위 땅부자로 이름을 떨쳤다. 강진, 광주, 보성, 화순, 해남, 장흥, 무안, 영광, 완도, 영암 등지에 답 845정보(253만 5000평), 전 57정보, 기타 313정보 등 총 1215정보를 소유하고 있었으니 말이다. 이 규모는 전남북 지역에서 최대 규모였다. 당시에는 50정보 이상이면 대지주 반열에 포함됐다.

뿐만 아니라 그는 경성에 증권회사를 설립해 개성상인들과 우열을 다퉜으며, 일찍이 운수업에 뛰어들어 서울 시내 택시업계와 전국 해상 항로를 쥐고 흔들던 인물이었다. 그는 교육 사업에도 관심을 기울였다. 1940년대 중반 연세대학교 의대에 1억 원을 기부하여 현재 그의 기념관이 신촌 세브란스병원에 세워져 있기도 하다.

동은의 '돈'을 이해하기 위해선 강진의 두 가지 특징을 살펴볼 필요가 있다. 강진은 오래전부터 항해술이 발달했던 지역이다. 또한 예부터 병영을 중심으로 상업이 발달했다. 그는 이 같은 강진의 특수성을 잘 활용한 사업가이자 그것을 제때 잘 계승한 기업가였다.

강진 사람들이 뱃길을 통해 상업을 했던 역사는 길다. 고려시대에 수도 개경까지 왕래하는 뱃길이 있었고, 다산의 기록에 따르면 1800년도 초반에 강진 사람들이 울릉도까지 왕래하며 고기잡이를 했다. 아니 그보다 훨씬 오래전에 이미 제주와 왕래하는 뱃길이 있었다. 강진은 조선시대 들어 도암 해창과 군동 영포에서 서울의 마포나 용산에 이르는 뱃길이 있었던 지역이다.

동은의 조부는 구한말 강진만의 뱃길을 총괄하던 현재의 마량면 수군만호였다. 부친은 통정대부를 역임했는데 역시 뱃길을 관리하던 사람이었다. 따라서 김충식은 어릴 적부터 뱃길의 중요성에 대해 잘 알고 있었을 것이다.

그런데 특이한 점은 김충식과 그의 부친의 묘가 병영면 소재지가 한눈에 보이는 마장등이란 곳에 있다는 것이다. 병영은 병영상인들의 본거지였다. 동은의 집안은 강진읍 동성리가 탯줄이다. 그런데 병영에 묘를 세웠다. 두 사람의 묘가 왜 병영면 소재지에 있는지, 그 이유를 아는 이가 없어 자세한 내막을 알기는 어렵다. 하지만 그들이 병영의 상업 역사와 관계가 깊은 사람이라는 것은 충분히 짐작해볼 만하다.

동은 김충식은 교육 사업에도 많은 관심을 기울여
1930년대 초반 강진유치원을 인수해 경영했다.

(황민홍 제공)

'김충식은 자기 땅만 밟고 강진에서 서울까지 갔다'는 말이 있을 정도로 어마어마하게 땅이 많았던 것으로 전해진다. 돈을 헤프게 쓰는 사람에겐 '네가 김충식 아들이냐' 하는 우스갯소리를 할 정도였다.

김충식은 조상에게 물려받은 토지를 이용해 소작료를 취득하는 전통적 방식으로 부를 축적하면서, 이 돈을 다시 금융과 해운, 유통 분야에 투자해 많은 돈을 벌었다. 또 농업 외 소득에서 나온 돈을 다시 땅을 사들이는 방법으로 부를 축적했다. 그가 자신의 호인 동은의 이름을 붙여 만든 '동은농장'은 근대적 농업 경영의 대표적 사례로 꼽힌다.

김충식은 1889년 7월 2일 강진읍 동성리에서 아버지 김영준과 어머니 임선의 사이에 장남으로 태어나 64세 되던 1953년 음력 1월 15일에 사망했다. 김해김씨 족보에는 그의 이름이 '인주'로 올라 있지만 어렸을 때부터 충식으로 불렸다. 김충식은 학문이 깊었던 작은아버지 김영근에게 한학을 배웠으나, 서양 학문은 배운 적이 없던 것으로 전해진다. 참고로 작은아버지 경회 김영근은 《금릉팔경(金陵八景)》을 지은 학자로 유명하다.

김충식은 30세를 전후해서 아버지로부터 3000석 소출의 토지를 물려받았다. 그의 아버지는 동생들이 장성한 후 재산을 다시 분배할 것을 전제로 모든 토지를 김충식에게 물려주었다고 한다. 동은은 3000석 소출의 토지를 10여 년 만에 4만 석 소출의 토지로 늘리는 데 성공한다. 박경리의 소설《토지》에 나오는 최참판댁이 만석지기였으니 김충식의 재산 4만 석이 어느 정도였는지 그 규모를 상상하고도 남는다.

그는 어떻게 그 많은 재산을 늘렸을까. 조선시대 지주들의 재산 증식 방법은 일반적으로 소출을 가지고 토지를 확장해가는 것이었다. 소출로 받아들인 벼로 다시 땅을 사고, 다시 그 땅에서 더 많은 소출을 받아들여 토지를 늘려가는 방법이다. 고리대금도 한몫을 했다.

그러나 일제강점기가 시작되면서 완전히 새로운 토지 운영 방법이 도입됐다. 일본인들은 우리나라에 진출해 싼 가격으로 엄청난 규모의 농지를 매입했다. 그렇게 해서 나타난 것이 바로 기업형 농장 경영이다. 한국의 저렴한 지가와 대한제국의 궁핍한 재정, 봉건적 수탈로 인한 관리들의 토지 불법 거래의 묵인, 농가 몰락, 곡가 등귀, 비옥한 토양, 고율의 소작제 관행 등은 일본 대자본이 한국에 진출하는 데 발판이 되었다.

당시 대창농장이라든가 조선흥업주식회사, 동산농장, 웅본농장 등이 일본인들이 운영했던 대표적인 기업형 농장 경영 형태로 꼽힌다. 김충식도 1920년대 초 자신의 호를 따서 강진에 동은농장을 설립했다. 일본으로 쌀을 실어 나르기엔 강진 군동의 백금포도 적지의 포구였다. 그는 동은농장 사무실을 강진읍 동성리에 있는 자신의 집 사랑채에 두었다. 상주하는 직원이 10여 명이었고 외근을 하면서 재산을 관리했던 직원도 상당히 많았다.

그의 인척들 증언에 따르면, 추수철이 되면 소작료를 가지고 온 사람들이 장흥에서부터 강진읍 동성리 동은농장의 사무실까지 줄을 섰다고 한다. 그 정도로 한 해 수입이 많았다. 김충식은 동은농장을 통해 전통적인 마름 중심의 토지 경영을 농장 중심 체제로 바꿔갔고, 토지를 매수하여 확장하는 일에 정열을 쏟았다.

초창기 동은농장의 소요 자금은 당시의 일반적인 관행인 고리대를 통해 마련했던 것으로 알려져 있다. 다른 지주들이 농민들을 상대로 고리대를 하던 것과는 달리, 김충식은 강진의 상인들을 상대로 고리대금업을 했기 때문에 자금 회수가 빨랐고 이윤도 더 많았다고 한다.

농장 경영을 통해 부를 축적한 그는 1927년 목포에 금릉회조부(金陵回漕部)라는 해운회사를 세웠다. 금릉회조부는 동은이 농업 외에 투자한 최초의 회사였다. 이보다 앞서 세운 게 강진에 본점을 둔 금릉창고회사였지만, 금릉창고회사는 미곡의 수집과 가공을 처리하는 회사였기 때문에 순수한 농업 외 투자는 금릉회조부가 처음이었다. 금릉회조부가 출발할 당시 자본금은 십수만 원이었다고 한다. 출범 당시 배는 금릉환과 진흥환, 현해환 등 3척이었다.

'금릉'은 강진의 옛 이름, 그리고 '진흥'은 강진과 장흥에서 두 글자를 따와 지은 이름으로 보인다. 여기서 '환'이란 배의 이름을 나타내는 일본식 표기다. 금릉회조부는 목포를 기점으로 해서 강진, 완도, 장흥, 영암 등의 뱃길을 장악했다. 당시에는 뱃길이 사람들의 중요한 이동수단이었다. 전라남도는 섬이 많아 목포와 영암 강진, 장흥, 완도, 고흥 녹동, 고흥 나로도 등 서남해안 섬을 잇는 뱃길이 황금알을 낳는 거위에 비교될 정도였다고 한다.

특히 김충식은 군동 백금포에 금릉창고회사를 운영하고 있었기 때문에 안정적인 화물을 확보할 수 있었다. 금릉창고회사의 물량을 금릉회조부를 통해 해소함으로써 일거양득의 기능을 하며 돈을 벌 수 있었던 것. 금릉회조부는 서울의 마포와 용산에도 화물과 여객을 실어 날랐으며 일본 및 중국과의 교역에도 참여했던 것으로 전해진다.

금릉회조부는 여기에 그치지 않고 소속 선박을 직접 만들기까지 하는 등 종합해양물류회사로 거듭났다. 또 금릉회조부 내에 육상승합자동차부를 만들어 영암 용당과 해남 남창, 강진 해창, 대구 간을 연결하는 자동차를 운행하기도 했다.

1950년대 후반 당시 강진만과 완도, 해남, 장흥 등지를 잇는 뱃길은 거미줄처럼 서로 연결돼 있었다. 1937년 11월 17일자 〈동아일보〉에 따르면, 김충식은 목포의 지리적 이점을 이용해 해운회사를 설립하여 짧은 기간에 해운업계를 평정한 사람으로 평가받는다. 이어 신문은 금릉회조부가 해남과 완도, 장흥 등지에 취급점을 두고 해상화물은 물론 육지의 화물까지 석권했다면서, 이는 김충식의 민활한 수완과 근면한 노력의 결과라고 극찬하고 있다.

동은은 1930년대 말에 강진, 광주, 보성, 화순, 장흥, 해남, 무안, 영광, 완도, 영암 등지에 답(畓) 845 정보, 전(田) 57정보, 기타 313정보 등 총 1215정보를 소유한 대지주로 성장했다. 여기서 잠시, 동은의 재산을 부분적으로 비교해 살펴보자. 1939년 〈경성일보〉가 발행한 《조선연감》에 따르면, 당시 우리나라에 100만 원 이상의 자본금을 가지고 있는 회사는 총 210개였다.

이 중에 조선 사람이 소유한 것은 30개뿐이었다. 또 이 중에서도 전남 사람 소유의 회사는 6개였고, 여기에 김충식의 동은농장이 포함돼 있었다. 동은은 비슷한 시기에 전남도시제사(주), (주)호남은행, (주)조선거래소, 금익증권(주), 소화전기(주) 등에 투자하거나 창업도 하면서 본격적인 기업가 반열에 오르기 시작한다.

명륜동에 한옥을 구입해 서울 사무실을 운영하기 시작한 것도 이 무렵이다. 동은은 서울과 강진, 목포를 오가며 변화무쌍한 사업을 펼쳐나가기 시작했다.

1930년대 초반, 서울로 진출한 동은은 명륜동에 300평 규모의 집 두 채를 마련한다. 당시 강진에는 명륜동 집의 대문이 10개라는 소문이 파다했다. 그만큼 호사스러운 집이라는 뜻이다. 명륜동은 종로구 창경궁 주변으로 당시 서울의 부자들이 모여 사는 곳이었다. 서울의 거처지로 장안 최고 부촌을 선택했던 것이다.

동은은 1933년 10월 금익증권을, 1936년 3월 명치택시를 서울

강진군 강진읍 동성리에 있는 김충식의 집터는
6·25 때 불탄 후 최근까지 폐허로 있었다.
2013년 초, 모 사업가가 매입해 한옥을 짓고 있다.

에 각각 설립했다. 강진과 서울을 오가며 사업을 했던 그는 강진에 내려올 때면 검정색 명치택시를 타고 내려와 집 아래 차고에 세워 두곤 했다.

강진읍 동성리 옛 동은의 집터 아래에 가면, 지금도 차고 자리가 남아 있다. 당시 명치택시를 구경했던 한 주민은 택시의 색깔이 아주 검었고, 운전사가 하루 내내 차에 윤기를 냈다고 회고한다. 동은은 강진에 내려오면, 별장에서 동은농장 직원들로부터 보고를 받으며 생활했다.

명치택시와 관련해서 1936년 6월 2일자 〈동아일보〉 기사가 있는데, 여기에 따르면 당시 택시 요금 미터제가 도입돼 운전기사들의 부수입이 줄어들게 됐다. 이렇게 되자, 6월 1일 아침부터 황금정 이정목(지금의 을지로2가) 866번지 명치택시 운전사 6명이 월급에서 10원을 올려달라며 일제히 동맹파업에 돌입했다. 그러자 김충식은 놀란 나머지 운전사들의 집을 일일이 방문해 월급 5원씩을 올려주기로 하고 문제를 해결했다고 신문은 적고 있다.

여기서 알 수 있는 것은 운전사의 규모로 봐서 명치택시의 초창기 회사 규모가 택시 10여 대였고, 본사가 황금정, 즉 요즘의 을지로2가에 있었다는 점이다. 당시 을지로2가는 조선의 3대 갑부에 들던 박흥식이 선일지물주식회사를 운영하는 등 내로라하는 부자들이 조선 최고 재벌을 꿈꾸며 웅비를 펴는 곳이었다. 명륜동에 한옥을 구입하고 을지로2가에 명치택시를 설립한 것에서 알 수 있듯이 그는 조선 최고 기업인을 꿈꿨다.

이에 앞서 1933년 10월, 동은은 조선총독부로부터 당시로서는 생소한 분야인 증권회사 설립을 허가받는다. 그리고 자본금 20만 원을 투입해 금익증권을 세웠다. 1932년 1월 서울에는 주식회사 조선취인소가 세워진다. 우리나라 최초의 증권거래소다. 당시 일제는 만주까지 세력을 확장하면서 대륙 침략의 발판으로 우리나라 공업화를 추진하기 시작한다.

이에 필요한 자금 조달의 필요성도 커지게 됐다. 하지만 당시 증권시장은 근거법령이 없어 증권자본 형성을 위한 제도적 장치가 마련되지 않아 자금 조달 기능을 원활히 수행할 수 없었다. 일제는 이같은 문제점을 해소하고 증권시장의 체제를 정비하기 위해 조선취인소를 두었다. 동은 선생은 이러한 시대 변화를 재빠르게 감지하고 금익증권을 설립했다.

재미있는 설화가 있다. 당시 조선의 증권가는 개성 부자들이 완전히 장악해서 일종의 카르텔을 형성하고 있었다. 개성상인들은 다른 지역 출신들이 증권 분야에 진출하는 것을 용납하지 않았다. 그러한 상황에서 동은의 금익증권도 그들 연합체의 농간에 휘말렸다. 하지만 그의 계속적인 투자에 결국 개성 부자들이 굴복했다는 이야기가 현재까지 전해진다.

사실 우리나라 금융 역사에서 개성상인들이 차지하는 비중은 압도적이다. 한때 우리나라 5대 시중은행에 들던 서울은행은 1960년대 초 창립 당시, 은행장을 비롯한 중역들이 모두 개성 사람들로 채워져 개성은행이란 별명을 얻기도 했다. 서울은행은 2002년 하나은행에 합병됐다. 1940~50년대 서울에서 현금을 가장 많이 가지고 있던 금융가 큰손들은 대부분 개성 출신 사업가들이었다.

1939년 10월의 일이다. 금익증권이 개성상인들과 경쟁하면서 한때 어려움을 겪으며 영업이 정지되기도 했다. 이 상황을 보고 잠시 대표이사 직에서 물러나 있던 동은이 사장 직을 맡으며 다시 일선에 나섰다. 〈동아일보〉 1939년 10월 31일자에서 당시 상황을 전하고 있는데, 금익증권의 앞날을 이렇게 전망하고 있다.

> 신경영자의 재산신용이 정평이 나 있음으로 금익증권은 옛날에 못지않은 번성이 예고되고 있다.

신문은 동은의 '재산신용이 정평이 나 있다'고 평가하고 있다. 당시 재산신용이 좋다는 말은 그만큼 현금동원력이 좋다는 뜻이다. 동은은 대체로 주변 사람들에겐 엄격했던 반면, 명분 있는 일에는 아낌없이 기부했다.

동은과 형제들의 관계를 간접적으로 보여주는 일화가 있다. 지금도 재산이 많은 집안이 종종 그렇지만, 그의 집안도 일부 형제들 사이가 그리 좋지 않았다. 그의 바로 아래 동생인 후식 씨는 다리를 약간 절었다. 그 이유는 다음과 같다. 후식 씨는 형님인 동은과 재산 분배 문제로 갈등이 있었다. 한번은 후식 씨가 권총을 들고 재산을 더 주지 않으면 자살을 하겠다며, 형님 앞에서 시위를 벌였다. 그러다가 방아쇠를 잘못 당겨 자신의 다리를 쐈다. 다행히 총탄이 빗나가 큰 부상을 입지는 않았지만, 훗날 다리를 절뚝거리게 됐다.

김충식은 통 큰 기부를 많이 했다. 1945년 6월 연세대 세브란스 병원에 1억 원을 기부한 사실에서 알 수 있듯, 그는 교육 사업에 남다른 관심을 보였다. 김충식은 연세대학교 의과대학과 오래전부터 인연을 맺고 있었다. 부친 영준 씨가 세브란스연합의학전문학교(현 연세대학교 의과대학) 최동 박사의 부친과 인연을 맺었기 때문이다. 최동 박사의 부친이 순천에서 군수를 할 때 두 집안이 인연을 맺어 김충식은 세브란스 병원을 자주 애용했다.

세브란스병원은 1885년 4월 미국의 선교사 알렌(H. N. Allen)이 설립한 국립병원 광혜원의 전통을 잇는 곳이었다. 하지만 1940년대 중반까지만 해도 외국인들의 절대적인 지원으로 운영되고 있었다. 그러다가 조선인 김충식이 거금을 내놓으면서 자립 기반을 만든 것이었다.

김충식은 그런 거금을 내놓고도 '약소한 기부'라 표현할 정도로 자신을 과시하거나 드러내려 하지 않았다. 조선의 열 손가락 안에 드는 갑부였지만 대단히 검소했다. 연세대학교 측은 1976년 교내에 김충식의 기부를 기념하는 '동은의학박물관'을 지어 운영하고 있다.

그는 이에 앞서 1937년 3월, 강진읍 교촌리 281번지 36필지 5만 평을 내놓는다. 현재 전남생명과학고가 있는 자리다. 동은은 이곳에 교실 8개가 있는 본관과 강당이 들어가는 부속 건물을 사재로 건축해서 기증해 강진농업학교가 출범할 수 있게 했다.

〈동아일보〉 1938년 8월 16일자 보도에 따르면, 당시 동은이 학교 시설을 설치하는 데 12만 원을 들였다고 한다. 강진농고는 그가 학교부지와 건물을 기증한데 이어, 2개월 후 강진읍 목리 유재의 씨가 지금의 작천 까치내재에 있는 산 21만 8340평을 기증해서 명실공히 농업학교의 면모를 갖추게 된다.

김충식의 삶을 정리해보면, 30세를 전후해서 아버지로부터 3000석 소출의 토지를 물려받아 10여 년 만에 4만 석의 소출로 재산을 늘렸다. 시기적으로 따져보면 1919년부터 1929년 사이다. 이어 1930년대 들어서는 금릉회조부, 금익증권, 호남은행, 전남도시제사, 조선거래소 등을 창립하거나 여러 회사에 투자하면서 거대한 재산을 쌓아갔다.

1945년 8월 15일 대한민국은 해방이라는 대변혁을 맞게 된다. 이 시기 김충식의 사업 환경에는 어떤 변화가 생겼을까. 한 가지 사건을 보면 '전혀 다른 삶'이 그려진다. 이러한 그의 삶의 대전환은 1950년 4월 6일 농지개혁이 실시되면서 찾아왔다.

이승만 정부는 토지개혁의 대원칙을 '유상몰수 유상분배'로 정

김충식의 묘는 병영면 소재지가 훤히 보이는 마장등이란 야산에 있다.
생전의 재력에 비해 아주 작은 규모로 묘가 조성돼 있다.

하고 국가가 원 소유자의 토지를 유상 수용하면서, 토지 가격에 해당되는 금액을 현금으로 지불하지 않고 지가증권을 발급하는 형식으로 보상했다. 대신 소작인은 지주에게 평년작의 1.5배를 5년 분할로 지급(매년 수확물의 30%)하도록 해서 지급이 완료되면, 농지소유권을 넘겨받게 하는 것이었다.

김충식도 마찬가지였다. 전남북 지역에 산재해 있던 소작농지는 정부가 지가증권을 발급해주고 강제 몰수해갔다. 농지는 당시 농사를 짓고 있는 소작농민들의 임시 소유가 됐다.

김충식이 이렇게 해서 발급받은 지가증권은 엄청난 양에 달했던 것으로 전해진다. 그러나 그는 지가증권을 적절히 활용하지 못했다. 당시 지가증권을 받았던 지주들 중에는 일본인이 남기고 간 적산재산을 지가증권으로 헐값에 불하받아 해방 후 본격적인 자본가의 길로 접어든 사람도 여럿 있었으나, 김충식의 그런 행적은 보이지 않는다. 벌이가 급격히 줄어들면서 지가증권을 헐값에 매각해 사용했다. 당시 영암에는 전문적으로 지가증권을 할인 가격에 매입한 사람이 있었는데, 김충식이 가지고 있던 지가증권은 이 사람의 집중적인 표적의 대상이었다고 한다.

설상가상으로 1950년 6월 25일 전쟁이 터졌다. 김충식은 6·25를 서울에서 맞아 세브란스 병원과 민가를 오가며 전쟁을 피했다. 이 와중에 강진 동성리의 집은 전쟁통에 불탔고, 강진의 가세는 급격히 기울었다. 김충식은 아들 4형제가 있었지만 재산을 믿고 맡길 만한 후손이 없었다.

전쟁이 끝난 1952년 어느 날, 그는 고향 강진으로 내려왔다. 이미 동성리 생가는 불타서 앙상한 벽돌만 남은 상태였고, 뒤쪽 동은 농장 사무실로 쓰이던 별장도 들어가 살 형편이 못 됐다.

김충식은 강진군 군동면 백금포에 있던 집으로 들어가 여생을 살았다. 1953년 음력 1월 15일, 고혈압과 중풍 등 각종 지병에 시달리던 그는 백금포의 집에서 조용히 숨을 거두었다. 그의 나이 64세 되던 해였다.

선산은 병영면 소재지 야산의 마장등이란 곳에 있다. 동은의 묘는 초라하기 그지없다. 비석도 없다가 최근에야 세워졌다.

병영상인의 표상,
아남산업 김향수 회장

1983년 어느 날이다. 지금은 반도체로 먹고살고 있는 삼성그룹의 고 이병철 회장은 반도체 사업 진입 여부를 놓고 막판 고심 중이었다. 엄청난 초기 투자금이 들어가는데다 당시만 해도 반도체 산업의 미래가 불투명할 때였다. 그때 이병철 회장을 찾아온 사람이 아남산업의 김향수 회장이었다.

김향수 회장(1912~2003)은 대표적인 강진 출신 기업가로 통한다. 그 또한 병영상인이 태동한 강진 출신 기업가로서 도전과 신의, 근검절약을 중시하며 기업을 경영한 전형적인 병영상인의 특징을 보여준다.

아남산업은 1968년 이미 반도체 조립 및 생산을 시작한 우리나라 반도체 산업의 선구자였다. 그러나 역시 자본력은 삼성만큼은 되지 못했다. 김향수 회장은 이병철 회장에게 "삼성 같은 대기업이 반도체 사업을 벌여야 일본을 따라잡을 수 있다"며 강력히 권고했다.

이때는 참 애매한 상황이었다. 아남산업에 이어 금성사, 현대전자까지 반도체 사업에 뛰어들면서 아남산업의 인력을 여기저기서 낚아채갔다. 당시 상공부가 스카우트 파문을 우려해 사업 승인을 주저하기도 했다. 김향수 회장은 이때 상공부 측에 전화를 걸어 강력하게 사업 허가를 요청했다고 한다. 국가 경제 발전을 위해서는 반도체 산업 발전이 반드시 필요하다고 판단했던 것이다.

1980~90년대 우리나라 산업 발전을 이끌었던 반도체 산업은 이제 IT 산업 발전으로 이어져 우리나라 핵심 산업으로 그 뿌리를 이어가고 있다. 그 뿌리의 끝에 강진 출신 김향수 회장이 있다. 김향수 회장은 어떻게 다른 이들보다 빠르게 반도체 산업에 눈뜨게 됐을까.

바로 강진의 청자 때문이었다. 그는 1993년 4월 12일자 〈경향신문〉과의 인터뷰에서 이렇게 말했다. "내 고향 강진에 고려청자의 도요지가 있었기 때문에 반도체에 관심을 갖는 계기가 되었습니다." 그는 자라면서 우리 민족의 찬란한 문화유산인 고려청자의 오묘한 비법을 재현하고, 수출의 길을 튼다면 외화 획득과 첨단 기술 전파라는 일거양득의 효과를 얻을 수 있으리라 생각하고 있었다.

인생의 황혼기에 접어들던 1967년 1월 10일 새벽, 김향수 회장은 일본 비행기에 몸을 실었다. 그의 나이 56세, 새로운 사업을 구상하기 위한 여행이었다. 그는 가장 먼저 도자기로 유명한 세 도시를 찾았다. 그러나 그곳의 사정은 좋지 못했다. 공해 때문이었다.

흙먼지가 도시 주변의 산과 들을 뒤덮고 있었다.

김향수 회장은 도자기 산업 자체는 공해 때문에 어려움이 많다고 판단했다. 대신 청자를 구워낸 장인정신과 잇닿아 있는 첨단 기술을 찾기로 했다. 그렇게 해서 만난 이들이 반도체 공학자들이었다. 일본의 반도체 공학자들은 그에게 반도체 사업을 적극 권했다. 김향수 사장은 귀가 번쩍 열렸다. '이거다' 싶었다. 고려청자를 구워내던 첨단 기술을 오늘날 반도체 산업에 접목하면 될 일이었다.

그렇게 해서 시작된 게 바로 대한민국의 반도체 산업이었다. 그는 고려청자의 정신을 이용해 반도체 산업을 꽃피웠던 것이다.

김향수 회장은 1912년 강진읍 송전리 송정마을에서 태어났다. 그는 어릴 적 부모님으로부터 물려받은 근검절약 정신을 평생의 경영철학으로 삼아왔다고 주변 사람들에게 설명하곤 했다. 가정 형편 때문에 보통학교 졸업에 만족해야 했던 소년 김향수는 1926년 열다섯 어린 나이에 혈혈단신으로 서울로 올라왔다. 어려운 가정 형편이 꿈 많은 소년의 앞길을 막지는 못했다. 당시 소학교의 일본인 선생은 고향을 떠나는 소년 김향수를 위해 학생복 한 벌과 서울까지의 여비를 마련해주었다.

그가 서울에 도착해 제일 먼저 한 일은 경성사범학교에 응시하는 것이었다. 교육자가 되려는 꿈을 이루기 위해서였다. 그러나 몸이 허약했던 그는 신체검사에서 불합격해 교육자의 꿈을 접어야 했

1950년대 자전거 부품조립 사업을 할 당시
김향수 회장(좌측에서 세 번째)과 직원들.
《우곡 김향수 명예회장 탄생 100주년 기념집》에서)

다. 그는 다시 경성공립농업학교에 응시해 합격했지만 학비 때문에 역시 포기해야 했다. 대신 야간학교에 들어가 낮에는 일본인 회사에서 일하고 밤에는 공부하는 주경야독 생활을 했다.

김향수는 일본에서 공부를 해야겠다고 생각하고 저축을 꾸준히 했다. 훗날 당시의 생활을 그는 이렇게 회고했다. "나는 거의 한 푼도 헛되게 쓰지 않고 생활했다. 분홍색 통장에 다달이 도장이 찍혀 나가며 예금액이 불어가는 것을 보던 기쁨은 가장 큰 행복이었다."

그는 근검절약의 생활 덕분에 일본 유학이라는 꿈을 이룰 수 있었다. 그의 나이 열일곱, 고향 강진을 떠난 지 2년 만의 일이었다. 그는 일본으로 떠난 지 4년 만에 일본대학 법학과에 입학하는 등 일본에서 학문을 계속했고, 친지의 상점을 도와주며 기업 경영을 배웠다.

김향수는 1935년 24세 되던 해, 고향 마을에서 결혼식을 올렸다. 혼례는 사무관대에 예복을 갖추고 부채로 얼굴을 가린 채 말을 타고 신부 집으로 가는 전통 결혼식이었다. 첫 살림은 서울의 필동에서 시작했다. 지금의 충무로 뒤쪽이었는데, 일본인들을 상대로 장사를 하기에는 좋은 곳이었다. 그러나 방을 구할 수 없었다. 웬만한 집을 모두 차지하고 있던 일본인들이 조선인들에게 방을 내주지 않았다. 얼마 후 어렵게 일본인 집 문간방을 얻게 됐다. 사람이 사는 곳이라 할 수 없을 정도로 너무나 초라한 방이었다. 그곳에서 일본인 상인들 틈바구니에 끼어 이런저런 장사를 시작했다.

그는 매일 새벽 4시에 일어나 냉수마찰과 아령 운동을 했다. 객지에서 남들과 같이 일할 수 있는 체력을 얻기 위한 유일한 방법이었다. 사업상 계산은 단 1전이라도 차이가 있으면 밤이 새더라도 그 잘못을 찾아내 완결을 짓고 잠자리에 들었다. 잠들기 전에는 그날 하루의 잘된 일과 잘못된 일을 반드시 되돌아보는 버릇도 유지했다. 돈 없는 촌놈이 서울에서 생존하려면 반드시 필요한 일이었다.

바닥 생활을 하며 장사를 시작한 지 4년 후인 1939년, 그는 서울의 국도극장 건너편에 '일만무역공사'라는 회사 간판을 처음으로 걸었다. 자전거와 주단, 나사(螺絲), 양품, 잡화, 식료품 등을 일본에서 수입해 국내와 만주 시장에 파는 회사였다.

당시 상업은 오늘날 구멍가게 수준이었다. 그러나 일만무역공사는 몇 년 뒤 굴지의 조선인 회사가 됐다. 김 회장은 왜성대라는 금융조합에 항상 몇만 원씩의 예금 잔고를 놔둘 정도의 재력을 자랑했다. 참고로 당시 1만 원이면 서울 명륜동의 저택 한 채 값이다.

28세의 김향수는 서울 상권을 쥐고 있는 일본 사람들 속에서 빠르게 기반을 다져갔다. 모두 근검절약과 인내, 집념으로 점철된 사업방법 덕분이었다. 돈을 꽤 모았으나, 조금도 허투루 써본 적이 없었다. 어느덧 자식이 넷이나 되어 6인 가족이 됐지만, 단칸 셋방살이를 계속했다. 식구가 늘어나면서 셋방을 얻을 때마다 퇴짜를 맞곤 했다. 김 회장은 그런 생활을 계속했으나, 고향의 부모님께는 큰 기와집을 지어드리고 가뭄을 모르는 전답도 마련해드렸다. 형편이 어려운 형님이 간혹 찾아와 장사 밑천을 대달라고 하면 거부해본 적이 없었다.

1945년 8월 15일 드디어 해방이 됐다. 그의 나이 32세 때였다. 해방되던 해 9월, 그는 일만무역공사의 상호를 아남산업공사(亞南産業公司)로 바꾸었다. '아남'이란 글자는 아시아의 극동인 한국에서 광활한 남방으로 뻗어나가겠다는 뜻이었다. 김 회장은 이 이름을 짓느라 며칠 밤을 고심했다. 아남의 영어 표기는 'ANAM'이었는데, 이는 알파벳 첫 글자 'A'로 시작돼 앞으로 영어 사용국들과 교류가 많아지면 상호가 앞자리에 놓일 것이라는 계산까지 한 일이었다.

아남산업공사는 업종을 자전거 수입 판매에서 자전거 부품 생산으로 전환했다. 자전거 부품을 생산하는 것은 상당한 모험이었다. 자전거 공업은 한마디로 기계공업의 첫 단추라고 할 수 있었는데, 당시 국내에는 기계공업이 완전 초보 수준이었다. 그러나 자전거 부품 생산이 일단 수준급에 올라서면 파급 효과가 막대했다. 그 기술을 기반으로 자동차도 만들 수 있고, 선박도 만들 수 있었다. 김향수 회장의 아남산업은 우리나라 경제 발전을 위해서는 기계공업 기반이 반드시 필요하다고 보고, 자전거 부품 산업에 뛰어들었다. 일본 유학 시절에는 형님의 일을 도와 자전거 판매를 경험했고, 귀국 후 결혼해 서울에서 사업을 시작해 일정한 궤도에 올랐을 때는 자전거 부품 공장을 하며 대한자전거상공연합회 상근 부사장 직을 맡아 활동했다.

김 회장은 자전거 공업의 육성을 통해 조국의 기계공업 기초를 다져나가야 한다는 확고한 신념을 가지고 있었다. 우리나라 중공업 발전은 우선 자전거 공업에서 출발해서 자동차, 선박, 항공기 사업으로 이행되어야 한다는 주장을 자주 펴곤 했다.

부산 피난 시절, 그가 재기할 수 있는 발판은 자전거 산업이었다. 돈이 없어 어려움을 겪고 있을 때 고향 강진 사람인 차모 씨가 자금 마련에 큰 도움이 돼주었다. 그는 부산 남포동에서 양곡 사업을 하고 있었다. 금리는 월 40~50%에 달했지만 김 회장은 그 정도의 이자 부담은 견딜 만하다는 판단을 하고 있었다.

일본에서 자전거 부품을 수입했다. 당시 우리나라에는 전쟁으로 모든 시설이 파괴되어, 자전거 부품이 천정부지로 높은 가격에 거래되고 있었다. 전쟁 중이라 높은 이자를 지불했지만 수익률은 10배가 넘었다. 김 회장은 전국에 공급되는 자전거 부품을 거의 독점하다시피 했다. 얼마 되지 않아, 고향 사람 차모 씨의 빚을 모두 갚았다. 빚만 갚은 게 아니라 감사의 뜻으로 새로 수입한 자전거를 선물했다. 주변 사람들은 김 회장이 오히려 전쟁 전보다 더 부자가 되었다고 했다. 그는 타고난 사업 수완이 있었다. 김 회장은 당시의 상황을 이렇게 회고한다.

> 사람은 치밀한 계획과 그 일을 해낼 집념, 경험, 신용을 가지고 있다면 무슨 일을 해도 항상 성공할 수 있다는 것을 새삼 깨닫게 되었다. 돈만 자본이 아니고 정신력과 능력, 신용도 자본이었던 것이다(《작은 열쇠가 큰 문을 연다》 참조).

1953년 10월 김 회장은 가족을 부산에 남겨두고 서울로 올라갔다. 정부와 국회가 아직 부산에 그대로 있을 때였다. 김 회장은 아남산업공사를 아남산업주식회사로 바꾸었다. 사업장은 서울 명동의 중국대사관 입구 중앙우체국 옆이었다. 아남산업은 전국 자전거 부품 판매량의 95%를 장악하고 있었다.

김 회장의 사업 방식을 보면, 항상 사무실을 서울 중심가에 둔다. 결혼하고 고향에서 서울로 올라가 처음 집을 얻은 곳이 지금의 충무로였고, 본격적으로 사업의 골격을 만든 일만무역공사의 사무실은 지금 대기업 건물이 밀집돼 있는 을지로 국도극장 건너편이었다. 아남산업공사도 그곳에서 창업했다.

6·25 때 폭격으로 국도극장 주변이 완전히 파괴돼 사무실도 날아갔지만, 다시 서울로 올라가 아남산업주식회사의 사무실을 연 곳도 서울 명동의 중앙우체국 옆이었던 것이다. 김 회장은 큰일을 하려면 큰 장소로 뛰어들어야 한다는 나름대로의 신념이 있었다. 1·4 후퇴 때 고향 강진으로 내려와 피신해 있지 않고 피난민들이 모여 있는 부산으로 뛰어든 것도, 그의 특유의 사업 스타일로 보인다. 김 회장의 이 같은 정공법식 사업 방식은 가장 어려운 시대에 빛을 발하며 그를 승승장구하도록 이끌었다.

김 회장은 1957년 9월 처음으로 세계 일주 여행길에 올랐다. 미국의 자전거 수요와 판매, 그리고 당시 우리나라에서 많이 수출하고 있던 돼지털의 판매 상황을 살펴보기 위해서였다. 당시 김 회장은 돼지털 수출에 큰 가능성을 보고 있었다. 대전의 돼지털 생산 업체에 그때 돈 3000만 환을 생산 자금으로 빌려주기도 했다.

미국에서 한국 돼지털은 천덕꾸러기였다. 돼지털은 세 번을 삶아야 브러시나 페인트칠 붓을 만들 수 있었는데, 한국 업체들은 딱 한 번 삶아서 화물선에 실어 미국으로 보내고 있었다. 김 회장이 거금을 빌려준 돼지털 회사의 신용도는 미국에서 바닥이었다. 김 회장은 미국 수입업자들을 만나 신용을 회복하는 데 최선을 다했다.

미국 현지 한국 기업인과 대사관 등의 도움으로 다행스럽게 가격이 타결되고 수출을 계속할 수 있는 길이 열렸다. 김 회장은 세계 일주를 계속하는 동안 뉴욕에서 120층짜리 최고층 빌딩을 보았고 거미줄처럼 설치된 고속도로에서 차량들이 물밀듯이 이동하는 것을 보았다. 영국에서는 그곳 사람들의 높은 생활과 문화 수준에 감탄했다. 독일에서는 첨단의 기계설비를 접했다. 유럽 여러 나라의 전통 건축물들도 인상적이었다. 세계는 정말 넓은 시장이었다.

그는 훗날 자손들이 "우리 할아버지는 1960년에 조국 근대화가 진행 중일 때 어디서 무엇을 하고 있었을까"라고 물었을 때 해줘야 할 답을 찾고 싶었다. 그것은 새로운 사업이었다. 일본에서 미국으로 날아가는 비행기에서 김 회장은, 이 땅에 반도체 산업을 조기 이식하는 데 자신의 모든 것을 걸어보자 결의를 다졌다.

그러나 주변 사람들이 하나같이 김 회장의 반도체 사업 진출 결심을 반대하고 나섰다. 전문가들은 "반도체 산업은 하루가 다르게 변하기 때문에 젊은 사람들이 하는 사업이다"라는 식으로 한결같은 조언을 했다. 김 회장이 너무 고령이라는 것이었다. 자식들도 반대했다. "아버지께서 과거에 고생하실 만큼 했고, 국회의원도 하셨다가 4·19로 은퇴하셨으며, 이젠 손자들 손이나 잡고 유유히 쉬면서 효도나 받으시며 인생을 편히 지내셔야 한다"는 것이었다.

사면초가였다. 만나는 사람마다 반대, 또 반대였다. 그러나 김 회장의 생각은 달랐다. 훗날 평범한 사업가로 알려지는 것보다 '김향수가 첨단 산업에 대한 웅지를 품고 우리나라 최초로 반도체 산업을 성공시켰다'는 말 하나를 남기고 싶었다.

김 회장은 주변의 반대에 개의치 않고 반도체에 대한 자료를 모아갔다. 한편으로 관계 인사들을 만나 구체적인 대화를 진행해나갔다. 집념 하나로 주변의 반대를 극복해나갔다.

1968년 3월 해외여행을 끝내고 귀국한 김 회장은 귀국하자마자 아남산업의 사업 목적에 전자부품 제조업을 추가했다. 공장 자리를 물색하고 시설재 도입을 위한 활동을 시작했다. 당시의 느낌을 김 회장은 자신의 회고록《작은 열쇠가 큰 문을 연다》에 이렇게 적고 있다.

반도체 일을 시작하자 내 마음은 새봄을 맞는 신록처럼 활기를 되찾았다. 인생의 환희와 기쁨은 역시 일 속에 있었다. 생명의 본질은 활동이지 휴식은 아니었다.

그러나 산 너머 산 같은 일이 줄줄이 기다리고 있었다. 먼저 설비를 수입해야 하는데 돈이 없었다. 외화 대부를 받으려면 연간 2000만 원 이상의 생산 실적이 있어야 했지만 아남산업은 실적이 전무했다. 어렵사리 당시 부총리 겸 경제기획원 장관인 박충훈 씨와 상공장관 김정렴 씨의 도움으로 외화 대부를 해결했다.

또 공장 부지가 문제였다. 신림동에 2만 평의 땅을 구입했는데, 그곳이 서울대학교 종합캠퍼스 계획으로 묶여 있어 건물을 짓지 못했다. 그래서 화양동에 있던 대지 530평의 스웨터 짜던 낡은 공장을 매입해 미국에서 들여온 기계를 설치했다.

공장 생산설비 시설이 끝나자 이번에는 일거리를 얻어오는 게 문제였다. 김 회장은 수차례 미국을 오가며 일감을 구해봤지만 결실이 없었다. 생산 시설물까지 도입해 공장 가동 준비를 마치고 몇 달이 지났지만 수주가 일체 없었다. 수입은 전무했지만 인건비와 장비 유지비 등 고정비용은 일정하게 지출해야 했다. 부채는 시간이 갈수록 늘어갔다. 사용한 외화의 이자도 24시간 쉬지 않고 불어만 갔다. 당초 반도체 사업을 시작하겠다고 했을 때 전문가들이 너무 어려운 사업이다라고 말한 게 하나도 틀린 말이 아니었다. 그는 암벽에 매달려 있는 산악인의 심정이었다. 떨어지면 죽음만이 있을 뿐이었다.

김 회장은 누구보다 집념이 강하다고 생각하고 있었고 집념만 있으면 모든 게 가능하다고 믿고 있는 터였다. 그런 성품이 감히 반도체 산업에 뛰어들 수 있는 저력으로 작용하기도 했다. 그러나 이번에는 달랐다. 김 회장은 당시의 심정을 이렇게 표현했다. "기름이 타버린 호롱불처럼 내 인내의 재고는 바닥나 있었다."

주변의 반대를 무릅쓰고 반도체 산업에 뛰어들어 여기저기서 어려운 돈 끌어와 공장 짓고 설비 들이고 인력 뽑아났는데, 정작 물건을 사줄 곳을 찾지 못하는 답답함은 상상을 초월할 정도로 큰 중압감으로 작용했던 것이다.

김 회장은 모종의 결심을 하고 일본으로 건너갔다. 미국에 있던 장남 주진 씨를 불렀다. 회사 미래를 두고 심각한 대화를 나누었다. 주진 씨는 그 길로 미국으로 돌아가 10여 년간 교편을 잡았던 대학에 사표를 제출했다. 엠코라는 반도체 판매회사를 미국 내에 차리기 위해서였다. 대학교수 출신 장남이 나서자 미국 내의 분위기가 달라지기 시작했다. 조금씩 수주 실적이 나오기 시작했다.

1970년 초 아남은 샘플 200개를 만들어 보내라는 주문을 받는다. 최초의 주문이었다. 원자재는 미국 회사가 보내준 것이었고, 아남산업은 그것을 잘 조립해서 샘플 완성품을 만들어 다시 보냈다. 그런 후 합격 여부를 판정받게 되고, 그게 합격을 받아야 공식 주문을 받을 수 있었다.

미국에서 건너온 원자재는 어떤 것은 순금빛으로 찬란하게 빛났고 어떤 것은 현미경 아래서만 식별이 가능한 먼지 같은 부품들이 손가락만 한 병 속에 수천 개씩 들어 있었다. 샘플 작업은 처음으로

1973년 아남전자(주)가 반도체를 본격적으로 생산할 당시
서강대학교 전자공학과에 재학 중이던
박근혜 학생이 김향수 회장을 찾아와 이야기를 나누고 있다.
《《우곡 김향수 명예회장 탄생 100주년 기념집》에서)

해보는 일이었다. 10여 명의 직원들이 모르는 단계가 나오면 책을 뒤적이며 원자재를 짜 맞추는 과정의 연속이었다.

김 회장은 간단한 점퍼 차림으로 공장에서 몇 날 며칠 밤을 새웠다. 공장 규모라 해봤자 3평 남짓 장방형 방에 와이어본더 3대와 다이본더 2대가 일렬로 설치돼 있었다. 우여곡절 끝에 견본 200개를 만들었다. 이제 견본을 미국으로 보내 합격 또는 불합격 판정을 받는 일이 남아 있었다.

김 회장은 당시 상황을 "내 몸의 모든 피, 모든 신경은 합격 또는 불합격 두 마디 회신에 쏠려 있었다"고 했다. 만약 견본이 불합격 판정을 받으면 그의 반도체 사업은 영원히 종지부를 찍어야 할 판이었다.

며칠 후 낭보가 날아왔다. 샘플이 당당히 현지 검사를 통과해 '엑설런트(EXCELLENT)'가 찍힌 전보가 도착한 것이다. 드디어 한국에 반도체 산업의 문이 열리는 순간이었다. 한국인 힘만으로 반도체를 생산할 수 있게 된 것이었다. 견본이 합격된 후 본격적인 생산이 바로 시작됐다.

반도체 500개를 만들어 미국으로 보내는 일이었다. 그 제품에 대해서도 얼마 후 '엑셀런트'란 답신이 날아왔다. 김 회장은 회고록에 "끝없는 황무지를 헤매다 문득 인가(人家)로 통하는 오솔길을 찾아낸 것 같은 환희의 순간을 맛보았다"고 적었다. 오랜 도전과 시련, 인내의 세월을 보낸 기업인만이 느낄 수 있는 최고의 환희였다.

김향수 회장이 한국 경제사에 큰 획을 그은 사건이 국내 최초로 반도체 생산에 성공한 것이었다면, 그 기반을 바탕으로 쌓아올린 금자탑이 바로 컬러TV 생산이었다고 할 수 있다. 김 회장은 1970년 국내 기업 최초로 반도체 생산과 수출에 성공한 데 이어, 그로부터 5년 만인 1974년 1월 국내 컬러TV 1호를 만들어냈다. 두 가지 모두 한국 경제사에 이정표를 세우는 일이었다.

김 회장이 컬러TV 생산을 처음 추진한 1970년대 초반, 우리나라는 대세가 흑백TV였다. 그나마 삼성과 금성의 흑백TV는 품질이 매우 떨어진 것이었다. 일본은 이미 소니와 내쇼날전기, 마쓰시타전기 등에서 컬러TV를 양산하고 있을 때다.

컬러TV의 중요성을 인식한 정부가 1970년대 초반 일본에서 기술을 가져오려고 무척 애를 썼으나, 어느 대기업도 뜻을 이루지 못했다. 한번은 백화점 재벌인 '화신'이 내쇼날과 어렵게 합작생산 계약을 체결하는 데 성공했으나, 그것은 흑백TV를 생산하는 것이었다.

1971년 어느 날, 심의환 상공부 차관이 김 회장을 만나자고 했다. 심 차관이 간청을 했다. "반도체와 같은 어려운 일도 결단을 내리지 않았습니까. 우리나라에 컬러TV 기술이 없다는 것에 대해, 박 대통령께서도 매우 안타깝게 생각하고 계십니다. 김 사장께서 전자공업의 첨단인 반도체와 컬러TV를 동시에 하시려면 어려움이 이만저만이 아닐 것이 사실일 테지요. 하지만 그 일이야말로, 한국 전자공업 발전을 위한 빛나는 진정한 업적이 아니겠습니까."

정부의 의지를 확인한 김 회장은 컬러TV에 다시 사운을 걸기로 마음먹었다. 즉시 일본으로 날아갔다. 일본 인맥을 최대한 동원해서 일본 마쓰시타 전기의 고노스케 회장과의 면담을 성사시켰다. 마쓰시타 전기의 고노스케 회장은 일본에서 경영의 신으로 추앙받을 만큼 존경받는 기업가였다.

다행히 면담은 성공적이었다. 면담이 끝난 즉시 합작계약서에 서명 날인했다. 1972년 12월 13일의 일이었다. 회사 이름은 한국나쇼날전기주식회사로 했다. 합작계약서에는 "우리는 한국 경제 건설에 기여할 것을 제일의 목적으로 하며 기술의 토착화를 기함을 근본으로 한다"는 구절을 삽입했다.

당시 국내 전자 산업의 전반적 수준을 감안할 때 아남이 컬러TV 생산에 참여하게 된 것은 정말 예상치 못한 일이었다. 마쓰시타의 한국 진출은 국제적인 관심을 끌고 있었다. 미국의 시사주간지 〈뉴스위크〉를 비롯한 일본의 각 신문이 일제히 이 사실을 보도했다. 국내에서는 이 뉴스가 가히 충격적인 사건이었다. 머지않아 우리나라도 컬러TV를 생산하게 됐다고 각 신문들이 대서특필했다.

1974년 1월 22일, 인천 부평공단에서 드디어 국내 최초로 컬러TV 1호가 탄생돼 나왔다. 이 역사적인 컬러TV의 이름은 'CT-201'. 컬러TV는 전자 산업의 꽃이었다. 어느 나라가 컬러TV를 만든다고 하면 그 나라의 전자공업 수준은 모든 분야에서 인정을 받았다.

주변 전자부품 생산 분야에 미치는 파급 효과 또한 엄청났다. 아남에서 생산된 컬러TV는 미국과 일본으로 전량 수출됐다. 1972년

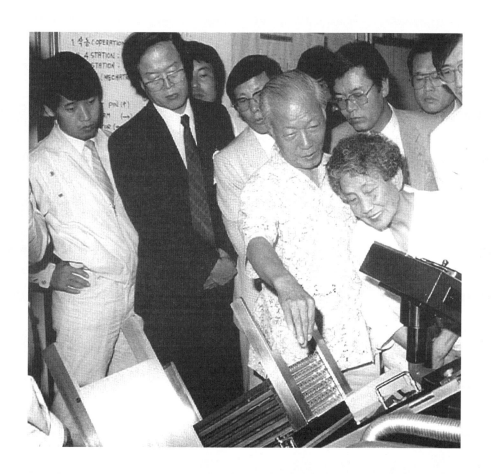

1989년 김향수 회장이 오승례 여사와 함께
아남반도체 공장의 시설을 방문해 설명을 듣고 있다.
(《우곡 김향수 명예회장 탄생 100주년 기념집》에서)

흑백TV 19만 7000대를 처녀수출하며 걸음마를 시작한 한국의 전자업계는, 이날 한국나쇼날의 컬러TV 생산으로 크나큰 자신감을 얻게 됐다. 모든 분야가 시기상조라며 돌다리도 두드리며 걸어가던 한국의 경영자들에게도 큰 충격을 준 사건이었다. 컬러TV 생산은 그런 사람들에게, 우리도 도전해보자는 의욕을 심어주었다. 모든 부분에서 겸손하기 그지없었던 김 회장은 훗날 회고록에 분위기가 사뭇 다른 표현을 했다.

> 누가 뭐라 해도, 전자공업의 꽃으로 비유되는 컬러TV를 이 땅에 최초로 개화시킨 장본인은 환갑을 넘긴 기업인 '나'이며, 국가 원수의 권유에도 불구하고 그 누구도 감히 착수하지 못한 전자공업의 핵심인 반도체 제품 생산에 성공해, 어려운 전자 산업 기술의 벽을 최초로 뚫은 사람이 '나'이다. 이 자부심은 그동안 황무지나 다름없는 이 분야에 착수해서 고생했던 일들을 봄눈 녹이듯이 깨끗하게 잊게 해주는 것이다.

김 회장의 이 같은 '자신감'에 돌을 던질 사람이 과연 누가 있을까. 그는 타고난 기업인이자 경영인이었다. 1985년에는 세계 반도체 완성 분야에서 1위의 위치를 차지했다. 경영 다각화도 추진했다. 아남정공과 아남산업 배선기구 사업본부, 아남건설, 아남반도체 설계, 자동차 전장 사업 등에 잇따라 진출하면서 아남은 재벌의 반열에 오를 수 있었다.

김향수 회장은 1992년 1월 그룹회장 직을 장남에게 넘겨주고 명예회장으로 경영 일선에서 물러났다. 그의 나이 81세 때의 일이다. 그는 60여 년 동안 산업 현장에서 자신의 삶을 바쳤다. 그 후 김 회장은 전직 국회의원들의 모임인 대한민국 헌정회 회장을 역임하고 서예에 몰두하며 여생을 보내다 2003년 6월 숙환으로 별세했다. 향년 92세의 나이였다.

김향수 회장은 평생 부지런하고도 검소하게 살았다. 그는 노년까지 한시도 틈을 가지고 살지 않았다. 반도체 공장을 가동할 때는 60대의 나이에도 불구하고 야전침대를 놓고 거의 공장에서 살다시피 했다. 늦은 밤이나 새벽을 가리지 않고 공장 안을 돌아다니며 야간 근무하는 기사들과 대화를 나누었다.

> 적어도 수천 명의 종업원을 거느린 사람으로서, 그리고 수십 명의 손자가 딸린 할아버지로서 해방 전후와 6 · 25 동란 후의 우리나라의 가난과 어려움을 몸소 겪은 사람답게 그들에게 모범이 되어야 한다고 생각했다.

대부분의 식사는 집에서 간단히 해결하거나 구내식당을 이용했고, 밖에서 점심을 먹을 때는 추어탕이나 설렁탕을 즐겼다. 집 또한 검소해서 회갑을 맞아 장남인 주진 씨가 서울 화양동에 마련해준 집으로 이사하기 전에는 초라하기 이를 데 없는 곳에서 산 것으로 유명하다.

그는 스무 살에 결혼해 서울에서 사업을 시작, 비교적 빨리 큰돈을 모은 사람으로 통한다. 서른 살이 되기 전에 서울 유명 은행에 몇만 원씩의 잔고를 가지고 있었다. 1만 원이면 서울 명륜동의 저택 한 채를 살 수 있는 시기였다. 서울 기업계에서 빨리 자리 잡은 비결을 들어보면 그가 얼마나 담백한 경영관을 가지고 있었는지 알 수 있다.

나에게는 특별한 지식과 능력은 없었다. 가문이나 학벌도 없었다. 오로지 사업을 명예롭게 성사시키는 것이 부모님을 안심시키고 효행의 길을 닦는 일이라고 믿었다. 그리고 몸에 익힌 철저한 근검절약과 인내와 집념의 정신이 있을 뿐이었다.

사업을 성사시키는 게 고향의 부모님을 안심시키고 효행의 길을 닦는 일이라고 믿었던 김 회장의 성품이야말로 아남산업을 일으킨 최고의 힘이었다.

그의 경영 이념은 크게 인재육성과 인간 중심의 경영, 고객 중심의 경영 등으로 이야기된다. 그는 인재를 알아보는 것이 조직의 승패를 결정지을 만큼 중요하다고 생각했다. 인간 면모의 전체를 파악하는 힘은 산전수전 다 겪은 총체적 경험에서 나온다고 그는 믿었다. 그래서 경영자가 인재를 알아보려면 다양한 인생 체험을 해봐야 한다고 생각했다. 그렇게 해서 사람을 선택하면 마치 나무를 키우는 것처럼 물과 비료를 주고, 훗날 성장하면 나무끼리 서로 방해되는 일이 없도록 적재적소에 사람을 배치하는 등 부단한 노력과 관심을 쏟았다.

김 회장은 또 아남의 경영 이념으로 '인간 중심의 경영'을 기조로 삼았다. 그의 경영 이념을 한마디로 표현한다면 종업원을 먼저 인간으로 제대로 가르쳐야 한다는 것이 지론 중의 지론이었다.

김 회장의 독특한 인력 관리 스타일 중 관심을 끄는 게 또 하나 있다. 어려웠던 시절, 생사고락을 함께한 중역들이지만 어떤 프로젝트가 있으면 독립해서 그쪽의 사장이 되어 그들의 경험과 창의력을 발휘할 수 있도록 배려한 것이다. 대부분의 경영자들이 이 같은 현상에 대해 자신을 배신했느니, 회사를 배반했느니 하고 생각하기 십상이지만 김향수 회장은 "아남에서 근무했던 사람들이 아남에서 배운 체험을 바탕으로 그의 능력을 최대한 발휘한다면, 국가와 사회의 발전을 위해 그보다 더 좋은 일이 없다"고 생각했다.

1980~90년대 삼성과 현대, LG 등이 경쟁적으로 반도체 사업에 진출하면서 아남의 인력이 대거 빠져나갔지만, 대기업들을 찾아다니며 반도체 사업을 장려한 사람이 바로 김향수 회장이었다. 한때 삼성의 반도체 공장 한 라인이 모두 아남 출신 사람들로 채워져, '아남라인'이라는 별명이 붙은 일이 있었는데, 김 회장은 이를 자랑스럽게 말하고 다녔다고 한다. 그야말로 그는 참다운 경영인이었다.

전국에 걸쳐 유통망을 갖추고 효율적으로 관리하다

병영상인은 전국적으로 다양한 판매망과 상품 수급망을 가지고 있었다. 박기현이 남긴 기록에 따르면 약재를 구입할 때 어떤 지역의 누구 편을 통해 구입했다는 대목이 나온다. 박기현이 짐꾼을 대동하고 직접 약재를 사러가기도 했지만 전국의 그 많은 시장을 일일이 다 갈 수는 없었다. 그래서 그는 전국에 흩어져 있는 병영상인을 백분 활용했고 거래장부에 그러한 기록들을 소상히 밝혀두었다. 이를 통해 그는 약재를 신속하게, 또 최대한 많이 확보할 수 있었으며, 전국 각지에 원활하게 판매할 수 있었다.

과감한 투자를 아끼지 않다

김충식은 30세를 전후해 아버지로부터 3000석 소출의 토지를 물려받았다. 그는 이것을 10여 년 만에 4만 석 소출의 토지로 재산을 늘리는 데 성공한다. 그는 어떻게 그 많은 돈을 벌 수 있었을까. 조선시대 지주들은 일반적으로 소출을 가지고 토지를 확장해가거나 고리대금으로 돈을 벌어들였다. 하지만 일제강점기가 시작되면서 완전히 새로운 토지 운영 방식이 도입됐다. 바로 기업형 농장 경영 형태가 그것인데, 이 기업형 농장은 일본인들이 운영하고 있어서 조선 사람은 감히 엄두를 낼 수 없었다. 그러나 김충식은 과감하게 자신의 호를 따서 강진에 동은농장을 설립했다. 이를 통해 큰 수익을 올렸음에도 그는 여기서 멈추지 않았다. 목포에 금릉회조부라는 해운회사를 세우는 등 그의 투자는 계속되었다.

도전 정신과 겸손이라는 미덕을 갖추다

아남산업 김향수 회장은 도전과 신의, 근검절약을 중시하며 기업을 경영한 전형적인 병영상인의 특징을 보여주었다. 특히 그는 거침없는 도전 정신과 겸손이라는 미덕을 갖추고 있었다. 그렇기 때문에 당시 우리나라의 어떤 기업인도 엄두를 낼 수 없었던 반도체 산업에 과감히 뛰어들 수 있었다. 하지만 이러한 도전 정신만으로는 우리나라 반도체 기술의 선구자라는 지위를 얻을 수 없었을 것이다. 그는 당시 반도체 분야의 앞선 기술을 보유하고 있던 일본 기업인들을 찾아가 조언을 구했으며 겸허한 배움의 자세로 그들의 말에 귀를 기울였다. "돈만 자본이 아니다"라는 그의 말대로 그는 도전 정신과, 겸손을 중심으로 한 정신력 그리고 신용을 중시한 기업가이자 진정한 병영인이었다.

| 2부 |

600년 역사에 숨겨진
장사의 비밀

전라병영에 사람과
물자가 몰렸다

"북에는 개성상인이 있고 남에는 병영상인이 있다"라는 말은 오래 전부터 상인들 사이에 내려오는 전설이다. 강진의 병영상인이 개성상인 못지않은 상업 세력을 가지고 있었음을 알려준다. 개성상인과 병영상인 간에 얽힌 재미있는 일화가 내려온다.

한번은 창호지 장사를 하는 병영상인과 풀(접착제) 장사를 하는 개성상인이 객주에서 한 방을 사용하게 됐다. 때는 겨울이었고, 여관방 뚫린 창호지 문으로 황소바람이 들어오고 있었다. 추위에 바들바들 떨던 두 상인은 의기투합했다. 병영상인이 창호지를 부담하고 개성상인이 풀을 제공해 문을 바르기로 한 것이다. 덕분에 뚫린 문구멍이 막아지고 두 사람은 편히 잠을 잘 수 있었다.

다음 날, 개성상인은 새벽에 일어나 장을 보러 길을 떠났다. 그런데 어쩐 일인지 병영상인은 곧바로 길을 떠나지 않았다. 샘터로 가더니 바가지에 물을 떠 방 안으로 다시 돌아온 것이다. 이윽고 방안에 쭈그리고 앉아 손가락에 살짝 물을 묻혀가며 전날 붙인 창호지를 조심스레 떼어내기 시작했다. 풀로 붙인 창호지는 물이 흡수되면서 쉽게 떨어졌다. 드디어 창호지를 문에서 다 떼어낸 그는, 그것을 조심스럽게 말아 다음 장으로 가지고 가서 팔았다.

이 일화에는 병영상인의 근면성과 절약 정신이 잘 드러나 있다. 그들은 이렇게 아주 작은 것 하나 헛되이 하는 법이 없었다. 이러한 근검절약이 바로 그들이 그들만의 세력을 형성하며 오래도록 상업활동을 이어올 수 있었던 원동력이다.

전남 강진의 병영면 소재지에 들어서면 가장 먼저 눈에 들어오는 건물이 있다. 옛 병영상고 교정이다. 멀리 수인산 봉우리를 뒤로하고 위풍당당하게 서 있다. 병영상고는 1965년에 세워져 지금까지 40여 년 동안 4090여 명의 학생들을 배출해왔고, 2008년에 병영정보고등학교로 명칭을 바꾸었다.

이 작은 면 단위에 상업고등학교가 들어선 까닭은 무엇일까. 병영상고 설립은 병영 주민들의 삶 속에 상업이라는 업종이 깊숙이 뿌리내리고 있음을 보여준다. 당시 병영 주민들은 '병영에 반드시 상고를 세워야 한다'고 정부를 상대로 집요한 유치 작업을 벌였다고 한다.

병영의 상업 역사는 조선 태종 17년(1417) 전라병영이 이곳에 설치됐을 때부터 시작됐다. 그리고 1970년대 후반 대대적인 이농이 이뤄지기까지 장장 600여 년 동안 전국의 시장을 주름잡았다.

북쪽에는 그 유명한 개성상인이 상권을 장악하고 있었다면, 남쪽에는 병영상인이 패권을 잡고 있었다. 그러나 역사적으로 평가받는 개성상인과 달리 병영상인의 존재는 역사 속에 단 한 줄도 등장하지 않는다. 경강상인, 의주상인 등 조선시대 보부상들이 역사의 무대에 등장하는 것과는 딴판이다. 병영상인, 그들의 존재는 컸으나 역사적으로 늘 외로운 사람들이었다.

병영성은 1417년 지금의 광주광역시 광산구에서 강진 병영면으로 옮겨오면서 바로 축성이 시작됐다. 성을 쌓는다는 것은 강진에 거대한 토목공사가 시작됐음을 의미한다. 병영성의 규모는 둘레가 2820척, 높이가 18척이었던 것으로 기록돼 있다. 지금의 미터법으로 따지면 길이가 약 1060m, 높이가 5m 정도의 규모다. 여기에 관아와 누각들이 즐비하게 들어서면서 단계적으로 거대한 병영이 모양을 잡아갔다.

조선시대 대표적인 병사 건물로 여수 진남관(국보 304호)과 경남 통영의 세병관(국보 305호)이 있다. 진남관은 1599년(선조 32)년에 전라좌수영의 객사 건물로 지어졌고, 세병관은 같은 성격으로 1603년(선조 36년)에 지어졌다. 모두 군부대에서 사령관이 집무를 보던 곳으로 부대의 핵심 건물이다. 진남관은 임진왜란과 정유재란 때 이순신 장군이 수군을 총지휘하던 곳이다.

전남 강진군 병영면 성내리 391-1번지에 위치한 전라병영성.
현재 복원 공사가 한창이다.

이런 건물이 강진 병영성 내에도 있었다는 사실이 발굴 조사 과정에서 확인됐다. 그런데 건물의 규모가 인상적이다. 진남관에 가본 사람들은 기억할 것이다. 누구나 그 웅장함에 위압될 만한 규모다. 당시 수군의 위용을 드러내고자 그 같은 규모의 건물을 지었을 터. 진남관은 정면 15칸, 측면 5칸, 건평 240평(약 780m²)의 단층 팔작지붕으로 된 거대하고 웅장한 건물이다. 아니나 다를까. 지금까지 현존하는 지방 관아 건물로는 제일 큰 건물로 평가받는다. 통영의 세병관은 크기가 정면 9칸 112자로 정면의 길이가 진남관보다 작지만, 측면이 6칸 56자로 길이가 56m에 달해 진남관보다 더 넓다.

그런데 병영성 내에 있었던 객사 건물은 진남관이나 세병관보다 더 큰 건물이었던 것으로 밝혀졌다. 발굴을 통해 확인된 병영성의 객사 크기는 정면 11칸, 측면 4칸 규모였다. 이는 칸 수로는 진남관이나 세병관보다 적지만 각 칸의 기둥거리가 320~570cm 내외여서, 전체적으로 정면의 길이가 진남관이나 세병관보다 큰 것으로 확인됐다. 전국에서 가장 큰 객사 건물이 바로 전라병영성에 있었던 셈이다.

병영성지 서북쪽에서 발견된 객사 건물 자리엔 조선시대 당시 지방에서 가장 큰 목조 건물이 있었던 것으로 밝혀졌다. 병영성의 객사는 태종 17년(1417년) 초축된 중심 건물이었다. 동서로 마루방이 있으며 서헌(西軒)의 편액을 청심각(淸心閣)이라 했다. 이후 영조

43년(1767년)에 새로 개축되었으며, 다음 해인 영조 44년(1768년)에는 청심각을 망미루(望美樓)라 고쳐 불렀다.

객사 주변 건물의 이름이 망미루였다니, 이름이 참 아름답다. 군부대 건물명으로는 영 어울리지 않는 듯하다. 그러나 객사가 있었던 곳에서 남쪽을 바라보면 그 이름에 수긍이 가기 마련이다. 남쪽으론 비파산과 까치내재, 보은산 자락이 마치 그림처럼 펼쳐져 있다. 당시에는 작천 쪽에서 내려오는 금강천에 큰 배가 들어왔을 정도로, 병영성 앞에 큰 강이 흘렀다고 한다. 그러니 아름다운 풍경이 내려다보이는 그곳의 이름은 망미루가 적격이었을 것이다.

현재까지 병영성 발굴은 전체 면적의 약 20% 정도가 진행된 상태다. 건물지 15개와 연지 4개소, 담장지, 배수로, 우물 등의 유구들이 잘 남아 있는 것으로 확인됐다. 전라병영성지의 주요 관청 시설이 자리했을 것으로 짐작되는 북서측 지역에는 예상대로 다양한 건물지가 비교적 온전한 상태로 확인되었다. 아직 단정하긴 어렵지만 문헌 및 유구의 양상으로 볼 때 객사, 동헌 · 내아, 연희당 관련 시설로 추정할 만하다.

병영상인의 역사는 병영성이 축조되던 시기부터 시작됐다는 게 정설이다. 병영의 향토사학자인 송은 김흥연 선생은 《진실한 삶을 위하여》에서 이렇게 밝힌 바 있다.

병영성을 축조할 때는 전국적으로 상업이 발전하지 않아 각 지방이

자급자족의 형태로 산물거래가 이뤄졌으나 병영에 갑자기 큰 성을 쌓느라 수년간 수백~수천 명이 징발되어 사람들이 모여들면서 물자 소비가 폭증하고 이에 따른 수요가 증가해 병영 사람들이 전국에서 물건을 공급하기 시작했다.

보부상을 중심으로 한 상업이 본격적으로 발달한 시기는 1700년 대 후반이었다. 16세기 말~17세기 초 왜란과 호란을 겪으면서 왕 조의 봉건적 지배 질서가 급격히 동요되었다. 이 과정에서 상업이 발달하고 상업의 규모도 커지면서 상업계 전반이 급격히 팽창했던 것이다. 이 같은 우리나라의 상업 역사와 비교하면 병영에는 상업 적 토대가 비교적 빠르게 형성됐음을 알 수 있다.

다시 병영성 이야기로 돌아가보자. 모양을 갖춘 병영성은 제주 도를 포함한 전라도 지역 53주 6진을 관할하는 거대한 병마절도사 영이었다. 조선대학교가 지난 1999년 강진군으로부터 의뢰받아 발 간한 《전라병영사연구》에 따르면 당시 병영성에 소속된 군인은 1 만 122명이었다.

이 중 군관과 군병, 장인 등 515명이 돌아가면서 병영에 들어와 근무했다. 그야말로 병영은 전라도 53주 6진에서 사람들이 모여들 어 북적였다. 병사들뿐 아니라 면회를 오는 가족들의 발길이 이어 졌고 병마절도사영에 각종 세금을 납부하는 사람들도 있었다.

병영성을 중심으로 이뤄진 재정은 크게 중앙의 각 관청에 상납

하는 세금과 병영 자체에서 필요한 세금으로 나뉘었다. 강진 병영에서는 해마다 비변사를 비롯해 중앙의 5개 관서에 부세를 납부했고, 자체 경비로는 미곡, 포목, 현물 등을 거둬들였다. 현물은 가족과 땔감, 약재, 종이 등 18가지에 달했다.

병영성은 또 강진관 내에 별도의 관할면을 가지고 있으면서, 여기서 세금을 내는 대신 병영 내의 각종 부세에 대한 부담을 지게 했다. 병영성이 관할한 직할면은 옴천면 등 5개 면 2020가구, 6021명에 달한다.

어느 시기인지는 정확치 않으나 이런 일도 있었다. 직할면에 소속된 사람들에 대해선 군정을 침징하지 말라는 지시가 내려졌다. 이를테면 병역 면제 조치를 해준 것인데, 덕분에 얼마 못 가서 이 5개 면의 인구가 폭증하게 되었다. 이는 사회 문제로 불거졌고 조정에서 걱정하는 상황에까지 이르게 된다. 《영조실록》은 다음과 같이 기록하고 있다.

병영에는 성에 붙어사는 가구가 2000호인데 이들에 대해서는 군정을 침징하지 말라는 규정이 있습니다. 이 때문에 지방 고을과 다른 각 고을의 백성들이 역을 피해 차차 유입해 들어와 이제 병영에 속한 4개 면의 가구에 4000여 호나 됩니다. 당초 설치한 목적은 병영을 위해 백성을 모집하려는 뜻에서 나온 것인데, 이대로 가다가는 1만 호, 2만 호나 되어 강진의 다른 면은 텅텅 비게 될 것입니다. 2000호에서 더 늘지도 줄지도 않도록 조치를 내려야 합니다.

병영성을 중심으로 얼마나 많은 사람들이 모여들었는지, 또 이에 따라 얼마나 많은 물자의 수요가 발생했는지 짐작할 수 있는 대목이다. 또 서울에서 내려온 직업 관료들의 가족들도 상당했을 것으로 예상된다. 1984년 발간된《병영양로당지(兵營養老堂誌)》는 이렇게 기록하고 있다.

> 병영이 설치된 이후 서울의 양반 가문 출신의 대소관헌들이 부임했으며 이것이 인연이 되어 서울의 선비들이 병영으로 많이 내려와 정착했다. 또 병영의 상류계급이 병영성의 업무에 참여했으며 서민들은 병영의 소요 물자를 조달하기 위해 자연적으로 상인이 되었다. 이 상인들이 전국 각지를 누비면서 경향 간에 인사 교류는 물론 물자가 유통되어 이 고장의 문화와 경제는 다른 곳보다 훨씬 선진의 길을 걷게 되었다.

이처럼 병영성을 중심으로 엄청난 사람들이 모여들었으나 병영면의 면적은 예나 지금이나 작은 규모에 속한다. 지금 병영면의 면적은 27km²다. 이는 인근 옴천의 29.86km²보다 작으며 마량의 20.1km²에 이어 두 번째로 작은 규모다. 주민들이 경작할 땅도 그만큼 적어서 자연스럽게 상업을 통해 생계를 이어가는 사람들이 많을 수밖에 없었다.

　병영상인의 출현은 이렇듯 병영성의 축성과 이에 따른 인구의 대량 유입, 각종 군수용품이나 생필품 수요의 폭증, 그리고 좁은 면적의 지리적 조건이 어우러지면서 비롯되었다.

병사들은
물건이 필요했다

조선시대 병영성 주변의 상업 문화는 어땠을까. 병영 삼인리 출신
이면서 조선시대 대표적인 유학자였던 해암(懈菴) 김응정(金應鼎)은
자신의 나이가 80여 세가 되던 해(1600년대 초반 추정) 임금에게 병영
성을 옮겨달라는 청원을 하게 되는데, 그 안에 다음과 같은 내용이
있다.

군인들은 정해진 근무 날짜를 맞추기 위해 짐을 머리에 이거나 등에
짊어지고선 종일 걸어서 옵니다. 병영에서 사용되는 수백 가지나 되
는 물건들을, 군인들 스스로의 힘으로 공급하도록 되어 있는 것입니
다. 세금으로 바칠 무명베가 한 치라도 모자라거나 쌀이 한 줌만 모
자라도 매를 맞고 손에는 수갑이 채워지기 일쑤입니다.

전라병영에 소속된 군인은 1만 120여 명이었다. 이들은 전라도 53주 6진에서 살고 있는 사람들이었다. 600여 명씩 돌아가면서 병영에 들어와 근무하는 형태로 군대가 운영되고 있었다. 물론 병영성에 상주하는 군관이나 기타 군속들은 제외된 숫자다. 이들까지 포함하면 실제 병영에 근무하는 인원은 훨씬 늘어난다.

해암의 기록에 따르면, 병영에 근무를 들어오는 군인들은 자신들이 사용할 용품을 직접 조달하도록 되어 있었다. 요즘처럼 몸만 들어가면 국가에서 모든 보급품을 조달해주는 군대와는 판이한 구조다.

병영에서 6년(1657년 3월~1663년 2월 말) 동안 억류 생활을 했던 네덜란드인 하멜이 기록한 《하멜표류기》에는 이런 기록이 있다.

> 조선의 보병은 자기 부담으로 50발의 총알과 거기에 쓸 화약을 소지해야 한다.

하멜은 병영으로 이송되기 전, 한양에서 국왕을 호위하는 호련대에서 일한 적이 있었다. 이 기록을 통해 조선시대 병사들이 직접 부담해야 하는 군수품 조달이 상상을 초월했음을 알 수 있다. 또 세금으로 바칠 무명베와 쌀까지 가지고 강진까지 왔다고 하니, 경제적 부담은 물론이고 그들의 육체적 고통이 꽤 컸을 것이다.

그렇다고 이들이 멀리 전북에서부터 현물을 짊어지고 왔을 가능성은 낮다. 그보다는 일정한 돈을 가지고 와서 병영성 주변에서 필요한 물품을 구입했을 개연성이 높다. 병영성 주변에는 이들을 대상으로 물건을 판매하는 상인들이 많았고, 물건 또한 병영 생활에서 필요한 것들을 일목요연하게 구비하고 있었을 것이다.

해암은 또 기록하고 있다.

> 병사들은 병영 근처에 살고 있는 사람들로부터 돈이나 물건을 빌리면 무엇이든지 간에 갑절 이상이나 다섯 갑절로 갚아야 합니다.

부대 내에서 사용할 용품이 부족하면 부대 근처 거주자들로부터 돈이나 물건을 빌려 쓰는 병사도 많았다는 이야기다. 병사들에겐 대단히 곤욕스러운 일이었을 것이다. 하지만 주변 상인들이나 중간에서 거래를 조정했을 군관과 군속들에겐 이 같은 환경이 황금알을 낳는 거위나 다름없었을 것이다.

해암은 이에 대해 "병영에는 변변한 무기조차 없어 적들의 침략에 대한 준비는 되어 있지 않은데 물건을 팔고 사는 일만 재촉하고 있다"고 당시 상황을 일갈한다. 병사들과 주변 상인들이 물건을 사고파는 일에만 열중하는 모습을 비판한 것이다. 그러나 한편으로 조선시대 병영이 운영되려면 주변에 상권이 반드시 필요했음을 보여주는 사례이기도 하다.

《하멜표류기》에도 병영의 장터에 대해 간단한 이야기가 나온다.

현재 병영성 내에는 발굴 작업이 한창이다.
성내 건물들은 동학혁명 때 모두 소실됐다.
강진군은 이곳을 발굴한 뒤에 옛 건물들을 복원할 예정이다.

1657년 3월 서울에서 병영으로 이송돼온 하멜 일행 33명은 병영 이외 지역으로 외출할 수 없었다. 외출 금지령이 내려진 것이다. 오로지 병영 내에서만 지내야 했으니, 그야말로 창살 없는 감옥살이를 하게 된 셈이었다. 그래도 땔감을 마련하기 위해 산에 오른다거나, 스님들과 대화하기 위해 수인사에 들리는 일과 같은 병영 내 활동은 비교적 자유롭게 보장되었다.

이들에겐 유일한 부역이 하나 있었는데, 그것은 한 달에 두 번씩 관청 앞 광장과 장터의 풀을 뽑아 깨끗하게 청소하는 일이었다. 억류자들에게 장터의 풀을 뽑도록 시키다니 제법 의아하게 들릴 것이다. 이는 병영의 장터가 항상 깨끗이 관리해야 할 만큼 병영성에서 중요한 장소였다는 얘기이기도 하다. 그곳에서 병영에 필요한 각종 물자들이 매매되고 있었으니 말이다. 병영의 장터는 성남리 조산 인근에 있었으나, 1948년에 지금의 세류교 주변으로 옮겨 운영되고 있다.

《하멜표류기》에는 병영의 상권과 관련해서 또 한 가지 재미있는 내용이 포함돼 있다. 당시 병영에 일본인들이 장사를 하던 왜관이 있었다는 것.

1658년 하멜 일행 중 한 사람이 열병을 앓게 되었다. 하멜은 조선 사람들이 열병을 굉장히 싫어한다고 적었다. 병마절도사는 즉각 하멜 일행에게 "집에 남아 있는 사람들은 병자를 잘 돌보고, 외출을 나가는 자들은 성안으로 들어가는 것을 피해야 하며 일본인 거주지로 가는 것도 피하라"고 명령했다.

여기서 일본인 거주지는 왜관(倭館)을 의미한다고, 강준식은 《다시 읽는 하멜표류기》에서 밝히고 있다. 강진에 왜관이 있었다니 신기한 일이다. 왜관은 태종 8년(1408년) 부산항이 개항하면서 처음 설치된 일본인들의 무역 창구를 이른다.

15세기 초 무렵 조선은 무역상의 이익을 구하기 위해 바다를 건너오는 일본인들을 통제하고 견제할 필요가 있었다. 그래서 조정은 일본인이 입항할 수 있는 곳을 부산포(지금의 부산)와 제포(지금의 웅천)로 정하고, 각각에 응접의례에 필요한 시설을 설치해 그들을 접대토록 하였다. 이것이 바로 '왜관'의 시작이었다. 이어 훗날 왜관은 단순한 숙박 장소가 아니라 조일 무역의 거점인 '상관(商館)'의 기능을 겸하게 된다. 또한 다수의 일본인들을 수용하는 거주지구의 기능도 갖게 되었다.

하멜이 말한 '일본인 거주지'가 상관이 확실하다면, 당시 병영성 주변에서 벌어졌던 상업 활동의 의미가 더욱 빛을 발한다. 병영성이 국내의 보부상들뿐 아니라 일본 무역가들도 가세한 국제무역을 벌인 무대였음을 의미하기 때문이다.

병영상인의 역사적 자료를 이야기할 때 돈을 만들던 주전소(鑄錢所)를 거론하지 않을 수 없다. 전라병영성에서 직접 돈을 제조하게 된 것은 병영상인들에게 날개를 달아준 일이었기 때문이다. 세종 6년(1424년) 백환이라는 사람은 세종대왕에게 주전의 필요성을 역설

한다. 백성을 잘살게 하고 국가의 재정을 튼튼히 하려면 주전을 해서 화폐를 유통시키는 것만 한 대안이 없다는 것이었다. 그는 주전을 담당할 최적의 집단으로 군인들을 꼽았다. 북쪽의 오랑캐나 남쪽 왜적의 침입이 없어 '먹고 노는 군인들'이 1만 명이나 된다고 주장했다(《세종실록》, 9년 5월 11일).

세종대왕은 백환의 상서를 읽고서 결국 전라도와 경상도에 새로 주전소를 설치하고 별감을 파견하여 감독하도록 했다. 병영의 주전소는 이때 만들어진 것으로 추정된다. 병영성이 설치된 지 7년 만의 일이었다.

병영의 주전소 설치를 영조 7년(1731)으로 보는 시각도 있다. 영조 7년에 흉년이 들어 구황의 자금을 마련하고자 각 지방 감영과 병영에서도 주전소를 설치하고 상평통보를 제조하게 했다는 기록이 있다. 화폐 유통은 교역의 규모가 커지고 방법이 쉬워졌음을 의미한다. 병영 사람들은 화폐의 효용을 다른 지방보다 먼저 깨달았을 것이고, 돈을 모으는 데 가장 빠른 길인 상업에 더욱더 뛰어들었을 것이다.

이처럼 조선시대 병영 주변에 상업이 활성화된 이유는 병사들까지 상업 활동에 뛰어든 역사적 아이러니, 그리고 이를 통해 국가 차원의 제도적 뒷받침이 있었기 때문으로 보인다.

거대한 종합 물류회사
전라병영

전라병영은 전라도 53개 현과 6개 진에서 세금을 거둬들여 두 가지 용도로 사용했다. 현은 지금의 시·군에 해당되는 행정 구역으로 전라도의 모든 시·군에서 강진의 전라병영에 세금을 납부했다.

53개 현에서 병영에 납부하는 세목은 전(錢), 목(木), 미(米) 등이 세분화되어 16종류에 달했다. 그리고 현물 명목으로 내는 것도 가죽, 땔감, 약재, 종이 등 39종류에 달했다. 현물 중에 특히 약재가 차지하는 비중이 컸다《전라병영사 연구》참조).

그럼 전라병영에서는 이렇게 거둬들인 세금과 현물을 어떻게 처리하고 관리했을까. 그 많은 현물을 군사들을 먹이는 데만 사용하진 않았을 터. 당시 병영성의 현물 관리 방법을 알아보는 것은 병영 상인의 출현과 관련해 중요한 해답을 찾는 일이다.

우선, 전라병영은 각지에서 쏟아져 들어오는 세금의 일정량을 비변사를 비롯한 중앙의 5개 관서에 부세로 납부하고, 나머지는 자체 경비로 사용했다. 그럼 각종 세금과 현물을 이용해 자체 경비를 조달한 방법은 무엇이었을까? 가죽이나 약재 등 39종류에 달하는 현물을 모두 병영 내에서 자체적으로 소비했을 리 없기 때문이다.

여기서 잠깐, 조선시대 상업의 전개 과정부터 간단히 살펴보자. 16세기에 발발한 임진왜란은 우리나라 상업 구조의 기틀을 뒤흔들어놓았다. 임진왜란 전까지 조선왕조는 봉건적 질서 유지를 위해 철저히 농업을 중시하고 상업을 금지하는 중농억상 정책을 폈다.

그러나 전쟁으로 인해 한양 주변의 인구가 급감하고 국가의 조세 수취 구조가 파탄나면서 조정에 의해 철저히 통제되던 상업 시스템은 여기저기서 고장을 일으켰다. 수많은 농민들이 상업 활동에 뛰어들게 된 것이다. 임진왜란(1592~1598)이 끝난 9년 후인 선조 40년(1607) 6월 실록에는 다음과 같은 기록이 있다.

> 환란 이후에 백성들이 정처 없이 장사해서 생활하는 것이 풍속이 되었습니다. 이에 본업에 힘쓰는 자는 적고 말업을 쫓는 자가 많아 식자들이 한심하게 여긴 지 오래되었습니다. 각 지역의 장시(시장)가 한 군에 적어도 3~4개 이상이기 때문에 오늘은 이 읍에서 출시하고 내일은 인근 읍에서 출시하고 또 내일은 다른 읍에서 출시하니 한 달 30일 내 출시하지 않는 날이 없습니다.

전라병영이 있던 전남 강진군 병영면 소재지의 1960년대 모습.
면 소재지 자체가 시장을 형성하고 있었다.

(김관홍 제공)

오늘날 병영면 소재지 모습.
면 단위지만 예전 상업도시의 면모를 그대로 갖추고 있다.

갑작스런 상업의 팽창에 따른, 당시 조선왕조의 분위기와 고민을 엿볼 수 있는 기록이다. 그러나 봉건적인 조선왕조 역시 시대의 흐름을 거스를 순 없었다. 조선왕조는 오히려 국가의 재정을 튼튼히 하는 길이 상업에 있다고 판단하기에 이른다. 그리고 적극적인 이윤 창출 활동에 뛰어드는 모습을 보였다.

유성룡과 이지함, 유형원 등은 무본보말론(務本補末論)을 통해 "재화의 도는 본(本)이 되는 농업과 말(末)이 되는 다른 산업이 서로 보완될 때 풍요를 이룩할 수 있다"며 국가 경영을 위해서는 상업을 일정 부분 중흥시켜야 한다는 흥리론(興利論)을 강조했다.

이와 동시에 상품 유통 진흥 방안과 소금 전매 정책, 군량미 조달 방안, 화폐 주조 유통 방안 등 상품 경제를 활성화시키려는 각종 정책들이 봇물을 이루며 거론되고 입안되었다. 이 모든 것이 정부의 재정을 확보하기 위한 수단이었다.

임진왜란 이후 파탄 난 재정을 확보하고자 정부가 상업 활성화 정책을 공론화하면서 각종 부작용이 속출했다. 왕족이나 사대부와 같은 특권 세력이 이권 개입에 뛰어들었으며, 전국에서는 서민들의 상품 생산과 유통을 장악하려는 관리나 병사들의 횡포가 심해졌다.

중앙의 특권층과 지방의 벼슬아치들은 절수(折受)[봉록(俸祿)으로 토지나 결세(結稅)를 떼어 받던 일]라는 제도를 통해 서민들의 재산을 약탈해갔다. 인조 8년(1630) 실록에는 다음과 같은 기록이 보인다.

궁가(宮家)에 절수(折受)하는 폐단이 바다에까지 미치고 있습니다. 흥양현(興陽縣)에 나로도(羅老島)가 있는데 호남의 연해 7~8읍 가운데 큰 어장이라고 합니다. 그런데도 대군방(大君房)에 떼어주었다 하니 본도로 하여금 사실을 조사하여 엄중히 금단해야 합니다.

흥양현은 지금의 전남 고흥 지방이다. 나로도는 최근에 우주선이 발사된 곳이다. 나로도 어장을 대군방에 떼어주었다는 것은, 그곳을 임금의 형제들이 절수 형태로 장악하고서 각종 세를 받아갔다는 뜻이다. 이런 식으로 포구를 장악한다는 것은 그 일대에서 생산되는 어물의 유통을 통해 많은 이익을 챙길 수 있다는, 즉 최고의 이권을 가져간다는 의미였다.

영조 7년(1731) 실록에는 강진의 5가지 폐단을 지적한 기사가 나온다.

첫째는 병영(兵營)에 소속된 군액(軍額)이 너무 많아 백성들이 명을 감당하지 못하는 것이요. (중략) 셋째는 남당포(南塘浦)를 지나가는 선박을 붙잡는 것이 폐단이 되어 선격(船格)들이 지탱하기가 어려운 것이요.

여기서 남당포는 지금의 강진읍 남포를 말한다. 즉 병영의 창고가 있었던 곳이다. 지나는 선박을 붙잡는다는 것은, 전라병영의 병사들이나 강진현의 관리들이 남당포의 포구를 장악하고서 지나는 선박을 붙잡아 각종 세를 챙겼다는 뜻이다.

전국의 각 군영에서 자체 군자금 조달을 위한 상업 활동을 벌이는 것을 조선왕조는 부분적으로 허용하고 있었다. 이를테면 한양의 최고 군사기관이었던 훈련도감에서는 군병들의 식량을 마련하기 위해 소금이나 어류들을 판매했으며, 또 선박을 운용하여 전국을 무대로 상업 활동을 벌였다.

전라병영성도 예외는 아니었다. 전라병영성에서는 가포[역(役)에 나가지 않는 대신에 군포에 준하여 바치던 베]를 이용해 철을 수입하기도 했으며, 대마도에서 조총을 수입하기 위해 부산으로 조총의 값 120동을 수송하기도 하는 등 대외 무역까지 손을 뻗치고 있었다.

강진읍 남포(남당포)에 있었던 병영의 외창은 환곡 사업을 벌였다. 춘궁기에 곡식을 빌려주고 수확기에 10%의 이자를 함께 받고자 한 것이다. 그런데 그것을 제때 갚지 못하는 주민들이 많았다. 이자가 늘어나면서 각 호가 갚아야 할 환곡은 수십 석이 넘어, 급기야 조정에서 이 문제를 다뤄야 하는 상황이 오기도 했다.

전라병영성은 군량미를 주변 현에 빌려준 뒤, 이자 수익을 얻는 운영 방식도 가지고 있었다. 병영성은 1878년 수인산성에서 확보한 군량 1700석을 장흥을 비롯하여 5개 읍에 나누어 빌려주었는데, 이때 총 물량의 10% 선인 200석을 이자로 받아 재정에 보충했다는 기록이 있다. 이렇게 군문에서 경쟁적으로 대부 사업을 벌였다면 군량미가 제대로 비축될 리가 없었을 것이다.

1727년 10월 24일자 《영조실록》에는 "동남쪽의 여러 병영 가운데 물력이 풍부한 곳은 통영과 전라병영뿐인데 작년과 금년에 창고의 저장이 탈감되어 기록된 장부가 전혀 모양을 이루지 못하고 있다"는 기록이 있고, 이로부터 67년 후인 정조 18년(1794) 기록에도 "근래 전라병영의 창고에 실제 곡식은 없으면서 빈 장부만 가지고 있는 것이 고질적인 병폐다"라고 지적한 내용이 나오기도 한다.

그러나 조선 조정에서도 일찍부터 군인들의 상업 활동을 인정하고 어느 정도 묵인하는 입장이었기 때문에, 관청의 무판 활동은 당연한 것으로 인식돼 갈수록 확산되고 있었다.

판매 활동은 다른 지방 관청이라고 해서 예외가 아니었다. 17세기 후반 이후에는 각 도의 군영과 수영은 물론 군현도 판매 활동을 일상적으로 행하고 있었다. 경상도나 전라도의 각 관청에서는 해변가에 판매 활동을 전담하는 기구를 설치하기까지 했다. 주변의 소금과 어물 거래를 장악하기 위해서였다.

1677년(숙종 23년) 호남 암행어사로 파견됐던 박태보는 전라도 지방 수령의 상업 활동을 다음과 같이 지적하고 있다.

오늘날 관청의 상업 활동은 국가가 반드시 망하게 될 징조입니다. 전라도가 특히 심하니 이는 병조판서 이사명이 전라도 감사로 있을 때 널리 자기 이익을 취하면서 시작됐습니다. 각 읍이 또한 경쟁적으로 서로 본받아 마침내 풍속이 되었습니다.

이 같은 역사적 배경을 중심으로 병영상인은 활동 범위를 점점 넓혀갔다. 병영성에 비축돼 있던 돈과 나무, 쌀 등은 물론이고 현물 명목으로 거둬들인 가죽, 땔감, 약재, 종이 등 39종류에 달하는 물품들이 병영상인을 통해 중계 매매되었다. 특히 병영상인은 필요한 사업자금을 병영에서 대부받아 사용할 수도 있어, 어느 지역보다 상업을 성공시킬 수 있는 유리한 조건을 가지고 있었다.

병영성 함락으로 와해된
상업 활동

전라병영성이 활성화되어 병영상인이 한참 활동할 때는 우리나라의 쇄국주의 정책이 아직 풀리지 않던 시기였다. 목포도 개항 전이며 광주도 일개 주에 지나지 않았다.

목포항이 개항된 것은 1897년의 일이었다. 강진의 전라병영성에는 이미 15세기를 전후해 일본 상인들이 거주하는 왜관이 존재했으며, 전라병영성은 대마도 번주와 직접 무역까지 행하고 있었다. 강진이 얼마나 빨리 상업 문화를 접했는지 알 수 있는 대목이다.

잠시 우리나라 보부상의 역사를 살펴보자. 우리나라 보부상의 역사는 삼국시대부터 시작된 것으로 전해온다. 물론 그 이전의 시대에도 물물교환 형태의 보부상은 얼마든지 존재했을 것이다.

백제 지역에서 전해진 것으로 추정되는 〈정읍사(井邑詞)〉라는 가요가 있다. 행상을 떠난 남편을 애타게 기다리는 그의 부인이 높은 산에 올라가 남편의 무사귀환을 바라면서 부른 노래다. 아마도 부인의 남편은 등짐을 지고 행상을 다니는 보부상이었을 것이다.

임진왜란 때는 권율 장군의 병사들이 군량미 부족으로 굶주리고 있었는데, 보부상들이 위험을 무릅쓰고 양식을 가져와 군인들에게 먹였다는 기록도 전해진다. 그리고 병자호란 때는 남한산성으로 피난 온 조정 대신들의 식량을 공급했던 사람 역시 보부상이었고, 정조대왕이 화성을 축조할 때 전라도, 경상도, 충청도의 보부상을 소집했다는 기록 또한 전해온다.

또 경북궁을 축조할 때도 전국의 보부상들이 부역에 참여해 그 공로로 경복궁 영건도감(조선시대 국가적인 건축 공사를 관장하던 임시 관청)에서 특별하게 연회를 베풀고 녹미(祿米)를 주었다는 기록도 있다.

1866년 병인양요 때는 흥선대원군의 명령에 따라 보부상들이 군대에 부속되어 프랑스군에 대항한 전투에 참여했다. 그리고 1882년 임오군란 때에도 보부상들이 동원되어 군란 진압에 참여해 많은 공을 세웠다. 이로 인해 같은 해 조정에 보부청이 설립되어 흥선대원군이 도반수가 되고 대원군의 큰아들 이재면이 청의 사무를 관할하기도 했다.

이러한 기록들은 전국적 조직을 가지고 있던 보부상들이 친정권의 입장에서 조직을 동원하고 각종 역사에 참여했음을 말해준다. 이후 보부상은 혜상공국(1883), 상리국(1885), 황국협회(1997),

1960년대 병영면 소재지 모습.
면 소재지의 한 귀퉁이 마을로 추정된다.
1894년 6월 10일 동학혁명군에 의해 병영성이 함락되면서
3000호가 넘는 민가가 불태워졌다.

(김홍연 제공)

상무사(1899), 진명회(1904), 공진회(1904) 등의 이름으로 정부와 긴밀한 관계를 유지한다. 각 정권이 보부상들에게 일정한 특혜를 제공하면서, 보부상들이 형성해놓은 전국망을 필요에 따라 활용한 것이다.

이런 역사는 동학혁명을 통해 여실히 드러났다. 충청남도 일대 보부상들은 1894년 전주 감영의 지휘를 받아 황토현에서 동학군과 전투를 벌이는 것을 시작으로 곳곳에서 격전을 벌였다. 일부 보부상들이 관군에 차출돼 동학군 진압 활동을 벌인 것이다.

과연 병영상인을 이 같은 역사를 가진 보부상의 한 맥으로 분류할 수 있을 것인가. 이것에 답하려면 보다 신중한 연구가 필요하다. 보부상의 범주에 들려면 나름대로 조직을 형성해야 하고, 국가 동원에 참여해온 체계적인 역사성을 가지고 있어야 한다는 게 일반적인 시각이다. 병영상인은 그런 흔적이 거의 보이지 않는다.

우선 병영상인이 병영성을 중심으로 상업 활동을 한 것으로 보이지만, 국가의 특혜를 받으면서 자본을 축적했다고 볼 만한 자료가 없다. 이에 비해 경강상인이나 개성상인, 의주상인, 동래상인들은 조선 후기 새롭게 대두되는 부상대고(富商大賈)로 분류되면서, 정부의 각종 전매 물품을 독점한 보부상들이었다. 병영상인에게는 이 같은 국가적 특혜가 보이지 않는다.

또한 병영상인들이 동학혁명 때 조직적으로 관군에 동참했다는 기록이 보이지 않는다. 1894년(고종 31년) 1월 전라도 고부군에서 시작된 동학혁명은 얼마 되지 않아 강진과 장흥에서도 그 분위기가 고무돼가고 있었다.

혁명 초창기, 강진의 전라병영성에서는 타 지역 관가에서 병력 요청이 있을 경우, 향병을 모아 지원해주었다. 그리고 나름대로 동학군과의 전투에 대비해 군사 훈련을 하기도 했다. 그러다 6월, 장흥에서 활동하던 동학군이 강진읍성을 공격하기 시작하면서 정세가 급변했다. 6월 3일에는 동학군에 의해 장흥이, 7일에는 강진읍성이 함락되는 등 강진과 장흥 일대가 동학군의 점령 지역이 되어가고 있었다. 그로부터 3일 후인 10일에 병영성도 맥없이 무너졌다.

당시 병영 전투에서 민가 3000~5000여 호가 불에 탄 것으로 전해진다. 병영성은 물론 성 주변 민가들도 쑥대밭이 되어버린 것이다. 이때 동원됐던 관군의 성격을 살펴보면 상인들의 조직적인 참여가 드러나 보이지 않는다.

이런 정황을 볼 때 병영상인은 전국적인 보부상 조직과 달리 독자적인 상업 활동을 벌였다고 추측할 수 있다. 경강상인이나 개성상인, 의주상인, 동래상인 등이 대도시를 기반으로 재력을 쌓아가며 전국적인 영향력을 확대해갔다면, 병영상인은 전라병영성이라는 군사기지를 기반으로 성장하고 유지되었다. 그래서 다소 폐쇄적이면서 독특한 구조의 상업 활동이 가능했는지 모른다.

아무튼 병영성을 함락시킨 농민군 역시 2일 만에 장흥군 용산면

석대들에서 일본군의 지원을 받은 관군의 공격을 받고 대패해 혁명 운동의 최후를 맞아야 했다.

전라병영성도 농민군과 같은 역사의 길을 걸었다. 병영성은 농민군으로부터 함락된 다음 해(1895, 고종 32년)에 정부의 군사제도가 현대식으로 바뀌면서 영영 폐영되고 말았다. 전라병영성이 설치된 지 478년 만의 일이었다.

400여 년 동안 유지된 전라병영성이 폐지되면서 병영의 상업 활동에도 엄청난 지각 변동이 뒤따랐을 것이다. 병영성이란 소비처가 사라지고 그간 전라도 53주에서 거둬들이던 세금도 갑자기 자취를 감추었다. 폐영 당시 성 주변의 가옥 5분의 3이 불탔으며 유력한 상인들도 모두 병영을 떠났다. 집과 인구가 70%가 감소했다고 하니 그야말로 병영성은 초토화되었던 것이다.

그런데 병영성이 폐영된 후 주민들 사이에 병영을 다시 재건시키려는 움직임이 있었고, 실제 조그만 부대가 설치됐던 것으로 확인된다. 한국기독교장로회 병영교회가 2002년에 펴낸《병영교회 100년사, 전라병영의 교회와 역사》를 보면 병영교회가 설립된 과정이 설명돼 있다. 교회에서 전해오는 '병영교회 약사 초고'를 번역해 실었는데 다음과 같은 기록이 있다.

병영성이 폐영되자 지방의 세력가들과 돈 많은 상인들이 대부분 병영을 떠났다. 모든 게 불탔으니 더 이상 생활의 기반을 찾을 곳이 없었을 것이다. 남아 있는 주민들은 주변 강진군민들로부터 압제를 되돌려 받아야만 했다고 한다.

아마도 병영성의 지나친 수탈로 불만을 품고 있던 주변 주민들이 남아 있는 주민들에게 앙금을 가졌던 것으로 보인다. 그 와중에 병영면민들도 서로 싸우는 바람에 말 그대로 지역 상황이 말이 아니었다. 이에 병영 주민들은 어떻게 하면 옛날의 영광을 다시 되찾을까 궁리했다. 옛 영광을 되찾으려면 병영을 다시 유치하는 게 최선이었다. 그러던 중 지역 유지들이 한 장군을 만났다.

그는 "옛 병사만은 못하지만 진위대를 설치하면 좋을 것"이라는 조언을 해주었다. 진위대는 구한말 군대의 이름이며, 고종 광무(1898)에 지방 주둔 부대를 고쳐서 부르다가 순종 융희 원년에 폐지된 부대다. 귀가 번뜩 트인 병영 사람들은 즉시 돈을 걷었다. 서울로 사람을 보낼 경비와 뇌물로 사용할 돈이었다. 적지 않은 돈이 순식간에 모아졌다.

대표로 명선욱이라는 사람과 최경화를 뽑아 서울로 보냈다. 명선욱은 병영 박동리 사람으로 일제강점기(1917~1924)에는 병영면장을 역임한 사람이었다. 서울에 도착한 이들은 몇 달 동안 머물면서 여러 교섭 활동을 폈다. 결과는 성공이었다. 진위대 주재소는 병영에 제4대대 분견소를 설치해 50명의 군인을 주둔시켰다. 그 자리가 옛 병영성 자리였는지는 분명치 않다.

전라병영성에는 한창 때 550명의 군인들이 상주했다. 분견소에 근무하는 병사들의 규모는 그때의 10분의 1 규모다. 그러나 이것은 단순히 수치상의 차이일 뿐이고 여러 가지 기능면에서나 병영 경제에 미치는 영향에 있어서나 분견소의 기능은 병영성과 비교할 때 100분의 1도 못 미치는 것이었다. 그때는 이미 전라도 53개 군현에서 납부하던 세금도 없어졌으며 5개 진에서 현물로 바치던 특산물도 없어졌다. 주변 병영에 소속된 면 단위 5000여 가구로부터 세금을 받던 기능도 상실했다.

돈 많은 상인들이 모두 떠나버렸으니 유통도 어려웠을 것이고, 병마절도사 밑에서 군병을 통솔하던 서울의 유력 집안 벼슬아치들도 없어졌다. 엎친 데 덮친 격으로 분견소가 1907년 정미조약 때 해산되면서 50명의 군인들도 고향으로 돌아가버렸다. 병영의 병영 역사는 사실상 그때 마무리됐다고 볼 수 있다.

그러나 병영에는 새로운 문화가 싹트기 시작했다. 병영을 되살리고자 서울에 올라갔던 사람들이 서양 선교사들의 활동을 보게 되었고, 기독교가 병영에 들어오면 주변의 탄압을 면할 수 있을 뿐 아니라 예전의 상업도 되살릴 수 있겠다고 생각한 것이다. 병영교회의 역사는 이렇게 시작됐다.

병영상인은 패망한 전라병영절도사영이 부활하면서 화려한 역사의 무대에 다시 등장하게 된다. 1895년 병영성의 폐영으로 타 도시로 떠나지 못한 상인들이, 전성기 때 익힌 상술을 자본 삼아 다시 상업 현장에 뛰어든 것이다. 병영상인의 진면목은 이때부터 시작된다고 해도 과언이 아니다.

장보고 선단에서
병영상인까지

우리나라에서 청해진 대사 장보고 연구가 본격적으로 시작된 것은 1992년 한국과 중국이 수교한 이후다. 그러니까 지금부터 18년 전쯤 된다. 대구의 고려청자가 1970년대 초반부터 빛을 보기 시작했으니 청자보다도 20여 년이 늦은 셈이다. 수교 전에는 한국인들에게 중국 내 장보고 유적에 접근이 허락되지 않았다. 국내 연구도 극히 일부 역사학자들만 관심을 보일 정도였다.

수교 후 중국 산동성 일대의 장보고 유적이 개방되고, 국내 연구가 활발해지면서 장보고에 대한 관심이 폭증했다. 완도의 장보고 축제가 1996년에 시작된 것도 같은 맥락이다. 강진군은 1996년 5월 15일부터 장보고 선단이 활동했던 완도~중국 산동성~일본 후쿠오카의 항로를 따라 '장보고 대사 해양경영사 탐사'를 벌인 적이 있다.

배는 목포해양대학교 실습선이 이용됐고, 이 배에는 장보고 연구 학자들과 전국에서 선발된 대학생 202명이 탑승했다. 항해 도중에 '장보고 대사 해양경영사 2차 국제선상학술대회'가 열렸다. 당시 장보고 대사 해양경영사 연구회장이면서 연세대 석좌교수였던 손보기 회장은 이렇게 인사말을 했다.

> 장보고의 무역상사가 배로 상품을 싣고 와 포구에 내려놓으면 봇짐장사들이 물품을 등에 짊어지고 구석구석을 누볐던 것으로 확인됩니다. 봇짐장수 또는 보부상으로 불리는 상인들은 상품을 짊어지고 실수요자에게 찾아가는 상행위를 하는 사람들입니다. 이들은 자유롭게 경쟁하면서 상행위를 해왔습니다. 그러한 전통은 훗날 개성상인, 강화상인, 경강상인들의 경영 방법으로 이어져 내려온 것으로 풀이됩니다.

통일신라시대 장보고 선단이 바다를 누비며 중국과 일본 등에 무역망을 형성할 수 있었던 데는 이 물건들을 등에 짊어지고 팔러 다니는 보부상들의 역할이 컸다. 그리고 당시의 전통이 훗날 고려시대 개성상인과 강화상인, 경강상인 등 한국의 주요 상인을 탄생하게 했다.

여기서 우선 말하려는 것은 장보고 선단의 전통을 이어받은 상인들에 관한 것이다. 지금도 마찬가지지만 손보기 회장이 이런 말을 했던 1996년에도 우리나라의 대표 상인으로는 개성상인과 강화상인, 경강상인 등이 꼽혔다.

통일신라의 국제무역이 고려시대 들어 해상무역의 활성화로 이어지고, 이 과정에서 고려의 도읍 주변 개성이나 강화의 상인들이 거대한 부를 축척했다는 것은 알려진 사실이다. 장보고의 해상무역 개척이 없었다면 고려시대의 해상 활동은 훨씬 위축됐을 것이고, 이에 따라 개성상인이나 강화상인, 경강상인들의 출현도 미미했을지 모를 일이다.

그럼 청해진을 거점으로 활동했던 장보고 선단이 미친 영향은 저 북쪽의 개성이나 강화, 한양 등에만 국한됐을까. 우리는 조선시대 서남부 지역에 병영상인이라는 큰 보부상 집단이 존재했다는 사실을 확인하면서, 장보고 선단을 염두에 두지 않을 수 없다. 장보고 선단이 병영상인과 지리적으로나 역사적으로 밀접한 관계에 있기 때문이다.

신라 하대(780~935)에는 많은 사람들이 당나라로 이민이나 유학을 떠났다. 새로운 지식을 습득하려는 사람들도 있었고, 신라 하대 경제 질서의 문란 등 정치·사회적 혼란이 많은 사람들로 하여금 다른 나라로 눈을 돌리게 만들었다. 이러한 시대 상황에서 장보고는 20대 후반이라는 젊은 나이에 중국으로 건너간 것으로 보인다. 당시 뛰어난 무예를 갖췄던 그는 보다 넓은 세상에서 경험을 얻고

전남 완도읍 장좌리에 있는 장도는
장보고가 활동의 근거지로 삼았던 섬이다.
장도와 강진읍의 거리는 뱃길로
10km가 되지 않을 정도로 가깝다.

출세하고 싶은 열망이 있었을 것이다.

결국 장보고는 그곳에서 서른 남짓의 나이에 무령군(武寧軍) 소장이 되어 이름을 떨친다. 그리고 무령군 군중소장 직을 그만둔 후에는 산동반도 적산포에 적산법화원을 세우고 여러 활동을 펼치며 재당 신라인 사회에 영향을 주었다.

법화원에는 구법(求法)과 무역 등을 위해 신라에서 건너온 사람들이 머물렀다. 이곳에서 그들은 일을 보았으며 재당 신라인과 함께 예불도 보고 정보도 교환했다. 이후 장보고는 당나라에서의 생활을 마치고 828년(흥덕왕 3년)에 귀국한다. 그리고 그는 흥덕왕을 알현한 뒤, 청해진 설치를 건의하여 허락을 얻어냈다. 당나라의 해적들이 신라의 변방민을 잡아다가 노비로 팔거나 분탕질을 일삼는 것을 막기 위함이었다.

청해진이 설치된 후, 장보고는 군사 1만을 거느릴 수 있는 대사(大使)로 임명되었다. 그리고 장보고 선단의 본격적인 활동이 시작된다. 그는 840년(문성왕 2) 일본에 무역 사절을, 또 당나라에 견당매물사(遣唐賣物使)를 보내 삼각무역을 했다고 전해진다.

이 과정에서 한국과 중국, 일본을 연결하는 장대한 해상항로가 개척되었다. 청해진을 본거지로 중국과 일본을 잇는 중계무역이 펼쳐진 것이다. 뿐만 아니라 그는 이슬람 세계와도 교역했다. 아시아 최초의 민간 기업인이자 세계적인 무역왕으로 군림했던 것이다.

장보고는 841년 옛 부하 염장에 의해 살해당했다. 이어 청해진

주민들은 지금의 전라북도 김제시인 '벽골제'로 강제 이주되면서, 찬란했던 그의 해상왕국이 막을 내리게 되었다.

장보고가 청해진을 설치하고 본격적인 해상무역을 했던 기간은 828~841년까지 약 13년 정도다. 역사적으로 볼 때 그리 길지 않은 시간이다. 그러나 주변에 해상무역을 전개할 만한 여건들이 조성돼 있었기 때문에 장보고 선단의 세는 급속히 확산될 수 있었다.

통일신라는 이미 오래전부터 해외무역을 일반화하고 있었고, 멀리 남중국엔 해상 실크로드가 열려 아라비아 상인들이 자유롭게 왕래하고 있었다. 일본 역시 남부 후쿠오카 지역을 중심으로 중국 무역을 활발히 펼치고 있었다. 청해진이 중국과 일본의 중간 지점에 있었다는 지리적 이점, 그리고 강력한 군사력과 상업 세력을 바탕으로 장보고는 이 일대 해상무역을 장악했던 것이다.

장보고 선단의 주요 수출 품목은 완도가 본산지일 가능성이 큰 황칠, 지리산에 심기 시작한 차, 신라의 비단, 세공금속공예품, 아랍에서 수입된 유리 제품, 중국의 약제 등으로 추정된다. 《조선통사》통일신라 편에는 "장보고가 청해진에 해상무역의 중심을 설치하고 아울러 강대한 무장력을 확보했다. 이로써 청해진은 당과 일본과의 무역에 있어서 매우 큰 역할을 했다"고 기술하고 있다.

국제무역이 활발했던
장보고 시대

장보고 선단이 해상에서 중국과 일본을 오가며 막대한 교역을 진행하고 있을 때 청해진 주변에는 상인 조직이 광범위하게 존재했을 것이다. 선단에 물품을 공급하고, 또 수입된 물품을 판매하는 상인들 말이다. 그리고 이에 따른 주거 집단도 집중적으로 형성됐을 것이다. 이를테면 1897년 목포항의 개항과 함께 목포가 급속도로 발전하고, 부산항을 중심으로 거대한 지방 도시가 형성된 것과 같은 이치다. 무역항을 중심으로 도시가 발전하는 것은, 무역항 유지에 필요한 노무인력 등 사람들이 집중적으로 몰려들기 때문이다. 당시 청해진도 이 같은 원리가 그대로 적용됐을 것이다.

우선 청해진의 범위를 생각해보자. 《삼국사기》에서 청해는 지금의 완도라고 기술하고 있다. 장보고는 신라 흥덕왕으로부터 군사 1만

명을 지원받아 청해진을 설치했다고 한다. 청해진의 본부는 지금의 완도군 완도읍 죽청리 장도로 알려져 있다. 이곳에선 다수의 유적과 유물이 발굴되었고, 대대적인 복원 사업이 완료 단계에 있기도 하다.

청해진의 범위에 대한 논란은 지속적으로 있어왔다. 우선 장도가 군사 1만 명이 주둔할 수 있는 큰 섬이 아니라는 점, 당시 1만 명에게 식량을 제공할 만한 농경지가 없었다는 점 등이 청해진의 범위를 늘 확대시켰다. 다시 말해, 청해진의 범위를 완도 내에서 찾으려 하지 말고 강진과 영암, 장흥 등을 포괄하는 해안 세력으로 시각을 넓혀야 한다는 것이다.

김문경 숭실대 명예교수는 '청해진'이란 이름은 고유지명에서 따온 것이 아니라고 주장하기도 한다. '바다를 맑게 한다'는 뜻으로 사용해야 한다는 것이다. 이러한 의견들이 반영돼 요즘에는 장도가 청해진의 군사적 본부 역할을 했을 것이라는 주장이 일반화됐다. 무엇보다 완도는 원양에서 들어온 배가 닿기에는 좋은 곳이지만, 육지로 물건을 유통시키는 데 치명적인 한계를 가지고 있는 곳이다. 완도는 섬이기 때문이다.

1963년에 완도군 군외면 원동리와 해남군 북평면 남창을 잇는 원동교가 들어서면서 육지가 된 곳이 완도다. 이전에는 완도에 가려면 배를 타야 했다. 바다를 통해 해외로 무역을 하는 사람들이 섬에서 물건을 하역하고 다시 바다를 건너 육지에 유통시키진 않았을 것이다.

그 반대로 해외로 나가는 수출품 역시 마찬가지다. 바다 건너 섬으로 들어가 다시 배에 선적한다면 유통 비용만 많아질 것이다. 결론적으로 완도는 봇짐 지고 주로 걸어서 이동하는 보부상들이 활동하기엔 지리적으로 치명적인 단점을 지녔다.

그렇다면 강진의 위치는 단연 중요하게 여겨질 수밖에 없다. 강진은 강진만을 통해 내륙 깊숙이 바다가 들어오는 곳이다. 또 식량을 확보할 수 있는 평야와 바로 연결되며 지리적으로 해남과 장흥, 영암 등의 산물이 모여들고 흩어지는 중심에 위치한다. 무엇보다 강진만은 내만을 형성하고 있기 때문에 태풍이 불어도 큰 파도가 없는 곳이다. 이 때문에 강진만 곳곳에 있던 항구는 일찍이 제주 사람들이 육지에 들어올 때 가장 많이 이용하는 항구였다.

이 같은 조건들 때문에 완도는 청해진의 군사적 방어 기능을 담당하고, 해외무역을 뒷받침할 주요 기반시설은 지금의 강진만 주변에 있었던 것으로 추정된다. 달리 얘기하면, 강진에서 보부상이 발전할 수 있는 기본 요건이 통일신라시대부터 갖추어졌다고 할 수 있다.

장보고 선단의 배후 지원 시설과 관련해 가장 주목받은 것은 역시 대구의 청자 생산 시설이다. 역사학자들은 장보고 선단과 청자의 연관성을, 중국과 일본 등 장보고 선단이 무역했던 지역에서 청자 파편들이 끊임없이 발견되고 있다는 점에서 찾는다. 이른바 해

장보고가 활동의 본거지로 삼았던 완도군 군외면 장좌리의
장도에는 당시 건물들이 복원돼 있다.

무리굽 청자 파편이다. 중국 영파시박물관 임사미 부관장은 〈당대 (唐代) 동방해상활동과 명주항〉이라는 논문에서 장보고의 해상 활동의 번영이 명주의 도자기 문화를 한국과 일본 등에 전파시켰다고 주장했다.

임 부관장의 견해에 따르면, 신라의 대외 문화 교류의 중요한 창구는 전라남도였다. 장보고 선단이 가장 활발히 활동하던 8세기 초, 월조의 도공을 강진군 대구면에 데려와 청자를 생산했을 것이라고 밝혔다.

일본 후쿠오카에 가면 홍려관이란 유적터가 있다. 홍려관은 일본 교역의 중심부이자 장보고 선단과 같은 해외 상인들을 대접하는 곳이다. 이곳은 1987년 발굴 작업이 시작됐는데 발굴 과정에서 초기 강진청자 형태인 월주요 갈래의 청자 파편 2500점이 발굴되었다.

김문경 교수는 〈9~11세기 신라 사람들과 강남〉이라는 논문에서 "홍려관지에서 출토된 월주요청자는 9세기부터 11세기에 제작된 것들인데 이 시기는 8~9세기 신라인 국제무역상과 장보고 선단이 한중일 3국을 왕래하며 동서 주인노릇을 하던 시기다. 강진대구요지에서 발견된 월주요 형태의 해무리굽 청자와 완도 장도에서 발견된 월주요 자기와 연관이 있을 것"이라고 설명했다. 다시 말해 장보고 선단이 중국의 월주요 제작 기술을 강진의 대구에 가져오고 일본 등지에도 이를 전파했을 것이라는 얘기다.

장보고 선단은 단순히 청자를 유입하는 데 그치지 않았다. 중국 양주(楊洲)의 문화유적지에서 신라의 청자 파편이 출토된 적이 있다. 고려청자가 아니라 통일신라 말기에 만들어진 신라청자가 발견된 것이다. 청자는 고려시대 이전인 통일신라시대부터 강진에서 만들어져 중국으로 수출되었다.

찬란했던
청자뱃길

우리나라와 중국, 일본 등 3국의 항로를 장악한 장보고 선단의 취급 품목은 청자 외에도 다양했다. 당시 신라의 수출 상품은 견직물, 마포, 금, 은, 인삼, 약재, 마피, 모피류, 공예품 등이 주류를 이뤘다.

당나라에서 수입해오는 주요 품목은 주단, 약재, 공예품, 도자기, 서적 등이었다. 여기에 페르시아 상인들이 가져온 각종 향료와 악기, 상아, 보석류, 카펫, 유리 제품 등이 들어왔다. 또 동남아시아에서 생산되는 자단, 심향, 비취모란 상품도 장보고 선단의 수입 품목이었다. 특히 장보고 선단이 일본에 싣고 간 '박래품(수입품)'의 인기는 대단했다. 일본에서는 수입품에 대한 값을 비단이나 금, 소뿔 등으로 결제했다. 이는 제품의 가치에 비해 엄청난 비용을 지출하는 것이었다.

물론 이 품목이 모두 청해진을 통해 수출입되지는 않았다. 통일 신라는 청해진뿐 아니라 경주 등을 통해 해상무역을 했기 때문이 다. 그러나 강진만을 중심으로 장보고 선단에 물건을 공급하는 생 산자들과 수입품을 유통시키는(또는 관청에 배달하는) 보부상들은 다 양하게 존재했다. 청자는 장보고 선단이 취급한 수많은 품목 중 한 분야에 불과했다.

장보고 선단을 통해 강진만에 수많은 상품이 유통되면서 상업이 발전했다. 이곳의 상업 발전은 자본을 축적한 대자본의 출현을 가 능케 했고, 또 그들의 상술은 후손들에게 되물림되었다. 이처럼 여 러 사료와 정황에서 나타나듯이, 강진에는 이미 통일신라시대부터 보부상이 활동할 수 있는 물적 기반이 마련되어 있었다.

848년 장보고가 염장에 의해 암살된 3년 후인 851년, 문성왕은 청해진 및 인근 주민 약 10만여 명을 지금의 김제 벽골제 보수공사 장으로 강제 이주시킨다. 이후 강진을 비롯한 청해진 일대는 892년 설립된 후백제의 영향권에 들게 되고, 다시 936년 고려의 후삼국 통일과 함께 고려의 땅이 된다. 청자는 다시 전성기에 들어가 고려 청자라는 이름을 역사에 새기며 화려하게 부활한다.

장보고가 암살되고 고려의 땅이 되기까지 88년이란 세월이 흐르 는 동안, 청해진에선 어떤 일이 벌어졌을까. 청해진 일대는 완전히 소개(疏開)돼 88년 동안 사람이라곤 찾아볼 수 없었을까, 아니면 세 는 줄었지만 활발한 인간들의 일상은 계속되었을까.

강진을 비롯한 옛 청해진 지역은 892년 후백제의 땅으로 종속되었다. 시기적으로 따져보면 장보고가 암살된 후 통일신라의 영향권에 있었던 기간은 44년 동안이었다. 아마도 이 기간에는 장보고 시대의 모습과는 비교할 수 없는 약세가 이어졌을 것이다. 그러나 청자를 굽던 도공들과 장보고 선단의 직간접적인 영향을 맺으며 존재했던 상인들의 활동은 어떤 형태로든 지속돼 후백제와 연결됐을 것으로 추정되고 있다.

후백제 시대에도 서남부 지역은 대외무역의 중요한 전략적 요충지로서, 견훤이 집중적인 방어망을 구축하던 곳이다. 장보고 시대에 해무리굽 청자를 굽고, 마포와 공예품을 조달하던 사람들은 어떤 형태로든 살아남아 생활했을 것이다. 그리고 그들의 후손은 고려시대 청자의 생산이 다시 장려되고 강진에 관요까지 설치됐을 때 그 기술을 이어주는 핵심 세력으로 유지됐을 것이다.

고려청자는 12세기 전성기를 이룬다. 청자의 전성기는 강진만 일대에 장보고 시대 못지않은 활력을 불어넣었다. 12세기 어느 날 대구 도요지 일대를 상상해보자. 당시 대구 일대는 약 15개의 청자요지가 가동되고 있었다. 여기저기 밀집해 있는 가마에서 청자가 쏟아지고 가마를 중심으로 이런저런 배후 산업이 거미줄처럼 형성돼 있었을 것이다.

이용희 전 청자사업소 연구실장은 "생활 자기는 가마 당 보통 400~500점이 들어가고 주병이나 매병 같은 장식용은 100여 점이

2009년 복원된 청자운반선 '온누비호'가
전남 강진군에서 강화도까지 항해를 재현하고 있다.
강진에는 통일신라시대부터 다양한 뱃길이 열려 있었다.
(강진군 제공)

들어간다"며 "12세기에는 생활 자기가 대부분이었기 때문에 많은 숫자의 청자를 가마에 넣으려면 업무가 철저히 분업화됐을 것"이라고 말한다.

1970년대 초 칠량 봉황마을에서 한창 옹기가 호황을 누릴 때와 비교해보면 고려시대의 상황을 좀 더 실감나게 상상할 수 있다. 봉황마을 주민들은 "70년대 초반에 봉황마을에 4개의 옹기 가마가 있었는데, 마을 주민 650여 명 중 옹기 제작에 관련된 사람은 400여 명이 넘었다. 날품을 팔려는 외지 사람도 넘쳐났다"고 회고했다.

봉황마을 주민들에 따르면, 옹기를 굽기 위해 연초가 되면 시기별로 일정한 순번이 정해졌으며 땔감 준비와 흙 준비, 도공, 인부 운용 계획들이 어느 정도 나왔다고 한다. 이렇게 모든 과정이 톱니바퀴처럼 질서 있게 돌아가면서 가마는 쉴 새 없이 옹기를 토해냈다.

고려시대 사당리 일대의 10~20개의 가마에서 끊임없이 청자가 토해지는 모습을 상상해보면 눈앞이 현란해진다. 배 한 척에 선적할 1~2만 점 정도의 청자를 구워내기까진 한 달이면 충분했다.

이 정도의 생산량이면 지난 2007년 6월 충남 태안에서 발견된 규모의 청자선이 매년 10여 차례 강진에서 출발해 고려의 수도 개경으로 항해했다고 추정될 만한 양이다. 태안선 한 척에서는 4만여 점의 청자가 발견됐다. 고려 왕실의 관요(官窯)였던 대구 일대 도요지는 귀족들의 수요량에 맞춰 끊임없이 청자를 생산했을 것이다. 주변에 유사 가마도 생겨났을 것이다.

당시 대구 일대는 요샛말로 24시간 가동되는 국가산업단지나 마찬가지였다. 20여 개의 가마를 쉴 새 없이 가동하기 위해선 엄청난 사람들이 필요했다. 흙을 채취하는 사람부터 흙을 정제하는 사람, 땔감을 조달하는 사람, 유약 담당자, 상형 기술자, 성형 기술자, 각 담당 밑에 종사하는 수백 명의 중간 기술자 그리고 중간 기술자들에게 딸린 수많은 인부들이 매일같이 대구 일대를 메웠을 것이다. 여기에 또 청자를 배에 선적하는 인부들과 청자를 개경으로 싣고 가는 전문 선원들도 있었을 것이다. 조선 관련 종사자들도 상당수에 달했을 것이고, 주변에 인부들의 가족들이 대규모 마을을 형성하고 있었을 것이다. 무엇보다 청자가 생산되는 곳이어서 돈이 풍족한 곳이었던 만큼 주변 경제도 번창했을 것이다.

대구 일대의 범위 또한 굉장히 넓었을 터. 지금의 마량과 칠량, 군동, 병영, 작천, 도암, 신전 등이 모두 청자의 경제권에 속했을 지역이다. 당시 개경과 강진은 청자만 교류한 게 아니었다. 월남사지 진각국사비에서 볼 수 있듯이, 고려의 최씨 무신정권은 강진과 긴밀한 관계를 맺고 있었다. 여러 왕족들이 강진의 사찰에 내려와 학문을 연마한 것으로 전해진다.

이 과정에서 개경의 다양한 문물이 전해지고, 뱃길 교역을 통해 상업 활동이 활발하게 전개되었을 것이다. 또 당시 청자가 배에 실려 개경으로만 갔을 리는 없다. 고급품은 워낙 비싸게 유통되어 서민들 사이에서는 소비가 어려웠겠지만 유사제품이나 상품성이 떨어지는 제품은 보부상 등을 통해 알게 모르게 전라도 지역 곳곳으로 판매됐을 게 분명하다.

최씨 무신정권은 1270년 몽고의 침입으로 무너졌다. 고려는 1392년 이성계의 아들 이방원에 의해 정몽주가 사살되면서 멸망하게 된다. 고려청자는 무신정권의 몰락과 함께 급격히 쇠퇴의 길을 걷다가, 고려의 멸망과 함께 역사의 기록으로부터 사라지게 된다. 이로써 관요의 기능은 정지되었고, 강진과 개경 간의 청자뱃길도 끊겼다.

통일신라시대를 거쳐 고려시대까지 상업의 발전은 눈부신 것이었다. 해외무역이 일반적인 일이었고 상인들이 자본을 축적하는 것은 큰 미덕으로 통했다. 고려를 세운 왕건이 상인 출신이라는 것은 널리 알려진 사실이다. 고려시대 개성상인이 중국 등과 해외무역을 하며 국내 상권을 장악한 것은 자연스러운 일이었다.

고려가 망하고 조선시대로 접어들면서 상업은 철저히 소외된 업종이 됐다. 조선왕조는 봉건적 질서 유지를 위해 농업을 중시하고 상업을 금지하는 중농억상 정책을 폈다. 상인들은 사회의 하층민으로서 장돌뱅이 취급을 받았다.

장보고의 암살로 배척되고, 고려의 멸망으로 소외당한 강진의 상인 세력은 그 후 어떤 길을 걸었을까. 해외에서 들여온 물건이나 청자와 같은 자체 생산물이 없어지면서 상당 기간 침체기를 벗어나지 못했을 것이다. 그러나 그들의 잠재력은 일상적으로 존재했을 것이고, 어떤 형태로든 상업 활동은 지속됐을 것이다.

그런 잠재력에 기름을 부은 일이 바로 강진에 전라병영성이 들어선 사건이었다. 병영성은 1417년 지금의 광주광역시 광산구에서 강진 병영면으로 옮겨오면서 바로 축성이 시작됐다. 이때부터 잠자고 있던 강진의 상업 의식이 깨어나기 시작한 것이다.

병영성 주변에는 엄청난 사람들이 모여 살았다. 서울에서 내려온 직업 관료들의 가족들도 상당수에 달했다. 병영에서 소비되는 물건 또한 막대했다. 인구가 폭증하면서 생활용품 소비가 급증한 것이다. 각 고을에서 병마절도사에게 바치는 진상품도 주요 상품이었다. 그래서 병영 사람들은 자연스럽게 상업에 뛰어들었다.

이후 병영상인은 1980년대 후반까지 전국의 시장에서 숨을 멈추지 않았다. 때론 그곳을 장악하기도 하고, 때론 조용히 숨죽이면서 그들만의 장사 기술을 이어왔다. 병영상인은 역사 전면에 나설 만한 대상(大商)을 배출하지는 못했지만, 누구에게 뒤떨어져본 적도 없다. 역사적으로 대부분의 상인들이 자신들의 출신 지역을 중심으로 상권을 형성했지만, 병영상인은 전국적으로 가장 광범위한 시장에 발을 뻗었다. 그들은 아주 특수한 상업 집단으로 기록될 만한 사람들이다.

전라도 병영과
경상도 통영

통영 출신 예술인들은 아주 많다. 그 유명한 소설가 박경리가 통영 출신이고, 작곡가 윤이상, 시인 청마 유치환, 시조시인 김상옥, 〈꽃〉이란 시로 유명한 시인 김춘수, 화가 전혁림 등이 모두 이곳 출신이다.

통영에는 왜 이렇게 예술인들이 많을까. 통영에 가면 예술인들의 기념관이 여기저기 서 있고, 주말이면 이곳을 찾는 관광객들이 줄을 선다. 많은 사람들이 통영에 예술인들이 풍성한 이유는 통영의 아름다운 경치 때문이라고 입을 모은다. 통영 앞은 다도해가 그림처럼 펼쳐져 있다.

그러나 이것만으로 통영에서 예술가들이 많이 태어난 이유에 대한 충분한 설명이 되지 못한다. 통영에 가본 사람들은 느끼겠지만,

통영은 다른 항구도시에 비해 그렇게 빼어난 곳이 못 된다. 경치로 따지면 인근 삼천포나 마산도 이에 뒤지지 않는다. 평생 통영 관련 자료를 모아 역사관을 만든 통영시향토역사관 김일용 관장은 간단하게 실마리를 풀었다.

> 바다 경치로 따지면 전남의 서남 해안이 훨씬 아름답지요. 도시도 마찬가지고요. 아름다운 경치가 그 이유라면, 예술가는 전남 바닷가 지방에서 훨씬 많이 태어났어야 하는 게 맞습니다. 제가 보기엔, 통영에서 예술가들이 많이 양성된 건 조선시대 통제영에서 비롯된 군영 문화 때문입니다.

조선시대 삼남 지역(경상도, 전라도, 충청도) 수군의 총 본부였던 통제영이 이곳에 설치돼 많은 물자가 모였고, 활발한 상업 활동과 자본 축적이 이뤄졌다. 이 덕분에 통제영 주변에 다양한 문화와 예술이 꽃을 피울 수 있었다는 것이다. 한마디로 조선시대 통제영이 오늘의 통영 문화를 있게 했다는 것이 그의 설명이다. 조선시대 강진에 호남 지역 육군 총본부가 있었다면, 통영에는 삼남 지역 수군의 총본부인 통제영이 있었다. 통영이란 지명은 이 통제영에서 비롯된 것이다.

우리가 오늘날 조선시대 수군 총본부가 있었던 통영을 고개 돌려 보는 것은, 통제영을 중심으로 상업이 번창한 기록이 뚜렷이 남아 있기 때문이다. 그러한 기록은 강진의 병영상인을 추적하는 데 중요한 실마리를 제공해준다.

전라병영성은 1894년(고종 31년) 6월 10일, 동학군에 의해 함락되고 민가 3000~5000여 호가 불에 타면서 재만 남은 처지가 됐다. 동학군에 함락된 다음 해, 정부의 군사제도가 전국적으로 현대식으로 바뀌면서 공식적으로 폐영됐으며, 병영 문화와 관계하며 거주하던 주민들도 뿔뿔이 흩어졌다.

통제영도 마찬가지다. 통제영도 1895년 7월 전국적인 군제 개편에 따라 역사 속으로 사라졌다. 그러나 두 군영은 이후 뚜렷하게 상반된 역사를 걷게 된다. 병영성과 주변 지역은 폐영과 함께 일제강점기를 맞으면서 여느 농촌의 작은 촌락에 불과한 길을 걸었다. 이에 반해 통영은 일제강점기를 맞으면서 경남의 대 일본 교역 중심 항구로서 발전을 이어나갔다.

이 때문에 통제영에 소속돼 있으면서 각종 물품을 납품했던 장인들은 통영을 떠나지 않아도 수익 창출을 계속할 수 있었다. 원자재 수급 기능과 완제품 유통 등이 온전히 가능해 상인들의 활동이 왕성하게 이어졌다. 덕분에 자본을 축적한 현지인들이 많아졌다. 그들의 자녀들은 일본 유학파가 많았으며, 그들이 바로 통영의 예술인 세력을 형성했다. 김일용 관장은 이렇게 설명한다.

별다른 지방 경제가 없었던 조선시대에는 군영 문화가 상업을 주도

경상남도 통영시는 강진 병영과 함께
남부권 군사기지의 양대 산맥을 이루던 곳이다.
병영은 조선 말부터 쇠락의 길을 걸었지만
통영은 부산 및 일본 등지와 거래하면서 큰 항구도시로 발전했다.

했습니다. 군영이 폐쇄되면, 주변에서 먹고살던 사람들도 다른 곳을 찾아 떠나는 게 일반적이었지요. 하지만 통영은 일제강점기 들어 인구가 오히려 늘어나면서, 장인들과 그에 딸린 상인들이 그대로 남았습니다.

우선 두 군영의 설립 시기와 규모를 비교해보자. 전라병영성은 1417년에, 통제영은 1604년에 각각 설치됐다. 전라병영성의 설립 시기가 187년 앞선다. 전라병영의 총사령관은 병사(兵使), 통제영의 총사령관은 통제사(統制使)라고 했다. 이들의 품계는 모두 종2품(從二品)이었다. 두 군사기지가 국가적으로 비슷한 격을 가지고 있었다.

관할 지역은 통제영이 더 넓었다. 전라병영은 전라도와 제주도를 포함해 53현 6진을 관할했고, 통제영은 경상도와 전라도, 충청도 해안 지역 61진 42현을 두루 관할했다. 임진왜란 이후 조정에서는 수군의 중요성을 절감하게 되는데, 긴급한 상황에 대처하기 위해 삼남 지역 수군의 지휘 체계를 일원화한다. 그리고 최고 사령부로서 통제영을 설치한 것이다.

병력 운용 면에서는 비슷한 양상을 보인다. 전라병영에 소속된 군병은 약 1만 120명이었다. 이 중에 실제 병영성에서 근무했던 사람은 군관 등을 합해 515명 정도로 알려져 있다. 통제영에 소속된 군병은 약 5000명 정도였고, 실제 통제영 안에서 근무하는 병사는 본영의 1058명 정도였던 것으로 추정된다. 그러므로 통제영에서 실제 근무한 병사 규모는 다소 차이는 있겠지만, 전라병영의 두 배 정도였다고 보면 적당할 것이다. 통제영이 들어서기 전인 1604년 이전에는 전라병영성의 규모가 압도적으로 컸다.

전라병영성과 통제영의 재정 운영은, 주민들에게 받아들이는 각종 세금과 곡물을 빌려주고 이자 수익을 올리는 환곡으로 크게 나뉘었다. 군영에는 군량미 유지와 각종 병기 제조 및 수리, 장교들의 급료 지급 등을 위해 막대한 재정을 필요로 했다. 전라병영은 당시 몇 군데를 제외한 대부분의 군현으로부터 세금을 거둬들여 병영 운영에 필요한 물자를 확보했다. 통제영 역시 군액으로 받아들인 각종 세금을 기본으로 '통영곡'이라는 막대한 환곡 체계를 통해 재정을 운영했다.

이렇듯 조선시대 각 군영은 자체 징수 기능을 가졌다. 하지만 모든 군영이 충분한 재정을 확보하진 못했던 것으로 보인다.

최대 상업기지로 변모한 통영

통제영이 지금의 경상남도 통영시에 설치되기 전까지, 통영은 두룡포라는 이름을 가진 작은 어촌마을에 불과했다. 하지만 1604년 삼도수군의 총본부인 통제영이 설치된 후, 그 작은 마을은 격동의 변화를 겪게 되었다. 각지의 인파가 몰려드는 번잡한 곳으로 변모하게 된 것이다.

통제영의 최고사령관 통제사는 막강한 권력을 보유하고 있었다. 전라 좌우수영을 비롯한 충청수영 등 5영이 그의 지휘를 받았고, 삼남의 총 181개 읍 중에 약 4분의 1가량이 그의 영향력 아래 놓여 있었다. 그의 영향권 아래 있는 지역에 대해서는 공납물을 거둬들이고, 군인들의 수를 배정했다. 그리고 환곡을 통해 수익을 발생시켰다. 이 같은 영향력은 통제영이 군사적 권한뿐 아니라 경제적 권력까지 쥔 삼남 지역의 실질적인 통치자였음을 의미한다.

통제사는 보통 3년 정도의 임기를 마치고 교체됐는데, 그 이유는 부정부패를 예방하기 위한 것으로 전해진다. 통제사는 군 지휘권뿐 아니라 막대한 물질을 취급하는 자리였던 만큼, 정기적으로 교체하여 부정부패를 막고자 했던 것이다. 그만큼 통제영을 중심으로 막대한 이권이 존재했다. 이 이권을 유통시키고 관리하는 상권의 중심엔 역시 상인들이 존재했다.

그러면 통제영보다 187년이나 앞서 설치된 전라병영성 주변은 어떠했을까. 마찬가지였다. 전라병영은 전라도와 제주도를 포함해 53현 6진에서 세금을 거둬들였으며, 그 지역 주민들을 상대로 환곡을 운영했다. 그곳의 주민들이 쉬지 않고 들어와 돌아가면서 근무를 했던 병영 일대는 전라도 지역 상권의 중심지였다. 병영상인은 그렇게 태동했다.

다시 통영 현지로 가보자. 시원하게 뚫린 대전통영고속도로를 달리다 경남 통영나들목으로 들어가면 얼마 지나지 않아 미늘고개라는 아름다운 지명을 만나게 된다. 그곳에서 멀지 않은 곳, 남해 바다가 내려다보이는 길목에 통영옻칠미술관이 자리하고 있다.

구룡포란 이름을 가진 이곳에 통제영이 설치된 때는 지금으로부터 406년 전의 일이다. 그때나 지금이나 이곳의 나전칠기는 유명하다. 대체 통제영과 나전칠기는 어떤 관계가 있기에, 그 태동의 맥을 함께하고 있는 것일까.

통영과 각 병영은 영내에서 소비할 물자를 자체적으로 현지에서 조달하고, 조정에 보낼 진상품을 확보하는 게 가장 큰 일 중의 하나였다. 최고 사령관인 통제사와 고급 군관들이 사용할 물품과 조정에 공납할 최고 수준의 물건을 만드는 게 급선무였다. 이 때문에 통제영과 거의 동시에 설치된 게 직할 공방이었다. 공방에는 관할 구역의 내로라하는 기술자들을 불러 모으고 일정한 급료를 주면서 각종 물건을 만들게 했다.

오늘날로 말하면 소위 기술직 공무원이 되고자 기술자들이 너도나도 통영으로 몰려든 것이다. 통영은 자연스럽게 전국 장인들의 집합소가 됐다. 통제영에는 나전칠기와 함께 갓, 소반, 소목, 대발, 누비, 부채, 그림, 칼, 장석 등 관급 물품을 조달하는 12가지 공방이 있었다. 여기에 종사하는 인력은 막대했다. 전성기에는 최고 431명의 장인들이 각 공방에 소속되어 철저히 분업화된 체계로 물건을 만들어냈다고 전해진다.

각 물품들의 원료는 인근 지역에서 조달했다. 나전칠기의 주원료인 전복, 소라, 조개껍데기는 인근 섬 지역에서 조달했고 갓의 원료인 말총은 제주도에서 공급받았다. 또 옻이나 황칠 같은 칠 종류는 섬진강 주변 경남 하동에서 구입해오는 등 원자재 유통 체계를 완벽하게 구축하고 있었다.

김일룡 통영시향토역사 관장은 이렇게 설명한다.

통영은 조선시대 군사시설인 통제영이 설치돼 운영됐던 곳으로
지금도 옛 건물이 많이 남아 있다.

통영은 좁은 지역이었습니다. 각 공방이 소비하는 원자재는 당연히 외지에서 뱃길을 통해 들여와야 했지요. 관할 지역인 삼남의 각 해안 지역이 모두 원자재 확보 대상이었습니다. 통제영 설치와 함께, 통영은 일찍이 유통이 발전할 수밖에 없었던 것이지요.

이렇게 만들어진 통영의 공예품은 전국 최고 수준을 자랑하며 전국에 유통됐다. 조선시대 멋을 아는 남성들이라면 '통영 갓'을 구하는 데 돈을 아끼지 않는 등, 통영의 12공방에서 생산된 물품은 조선 전역에서 소위 '명품'으로 통했다.

전라병영에 공방이 있었다는 기록은 없다. 그러나 통제영보다 187년 전에 설치된 전라병영에 각종 물품을 만드는 공방이나, 공방 성격의 장인들의 활동이 없었을 리 만무하다. 앞서 인용했듯 《영조실록》엔 여러 병영 가운데 물력(物力)이 풍부한 곳은 다만 통영과 전라병영뿐이라고 기록돼 있지 않은가.

이는 전라병영 역시 각종 물품의 생산과 유통에 있어서 통제영에 못지않은 체계성을 가지고 있었음을 말해준다. 지금의 병영면 소재지의 삼인리 신지마을에는 1960년대까지 유기그릇 공장이 있었다. 병영의 유기 제조는 전라병영의 공방에서 비롯된 전통으로 추정되고 있다.

병영성 주변에는 예술인도 많았다. 전술했듯이, 인간문화재인 가야금 명인인 함동정월이 병영 출신이고 남농 허건 화백도 부친인 미산 허형 화백과 함께 병영에서 어린 시절을 보냈다.

이러한 전라병영의 전통은 1894년(고종 31년) 6월 10일 동학군에 의해 함락되고 민가 3000~5000여 호가 불타면서 사라져버렸다. 대신 보부상의 전통은 여전히 살아남아 지금도 병영상인들의 활동이 이어지고 있다.

강재 박기현은 전라병영성이 불탄 후 정확히 12일 후, 지금의 작천면 용정마을로 이사했다. 이렇듯 전라병영이 폐영된 후 병영을 떠난 사람들이 한둘이 아니었다. 강재처럼 고향에서 멀리 떠나지 않고 인근 지역으로 거처를 옮긴 사람들도 있었지만, 먹고살 곳을 찾아 떠나는 장인과 예술인, 상인 들이 줄을 이었다.

통제영 역시 1895년 7월 전국적인 군제 개편에 따라 역사 속으로 사라졌지만, 문화적 전통은 그대로 살아남았다. 일제강점기 들어 통영이 대 일본 수출항으로 부상하면서 장인과 예술인들의 활동이 이어졌다.

통영에는 지금도 나전장, 소목장, 두석장 등의 이름으로 400년 전통의 공방을 이어가는 장인들이 생활하고 있다. 다만 보부상들의 활약이 두드러지진 않았다. 강진의 병영은 지리적으로 다른 지역과 연결되기 좋은 곳이지만 통영은 바닷가이기 때문이다. 육지 시장과 연결되기 위해서는 진주나 사천까지 올라와 상거래를 해야 하는 구조였다.

이 때문에 육로보다는 해로를 통해 상업이 이뤄졌다. 강진에서

'병영상인'이란 말이 전해지는 것과 달리, 통영에서 '통영상인'이란 명칭이 없는 이유기도 하다. 김일룡 통영시향토역사 관장은 이렇게 말한다.

남해안 재래시장 중에서 여수장, 마산장, 통영장, 거제장을 알아주는데 70년대 중반까지도 통영장이 가장 유명했지요. 통영의 상권은 삼남 지역 통제영의 작전 지역에 있던 모든 해안 지역을 포함했습니다.

하멜과
그의 일행들

1656년 3월 강진 병영면, 노랑머리에 코 큰 서양인들이 도착했다. 낯선 모습에 강진 사람들이 어떤 반응을 보였을지는 상상되고도 남는 일이다. 이들은 바로 하멜과 그의 일행들이었다.

1653년 7월 30일 대만에서 스페르베르호를 타고 일본으로 항해하던 하멜은 제주도 남쪽 해안에 표착했다. 그리고 이들은 한양으로 압송돼 지내다가 강진에서의 억류 생활을 지시받고 내려온 상황이었다.

하멜은 강진의 문화에 어떤 영향을 미쳤을까. 그의 일지에는 구체적인 기록이 나오지 않는다. 7년 동안 지냈지만 가족을 꾸렸다는 언급도 없다. 조선 억류 기간 동안, 대단히 고생했다는 것과 함께 야만인의 나라 조선을 하루 빨리 탈출하려 했다는 내용이 대부분이다.

하멜 일행은 상인이었다. 대형 상선에 엄청난 상품을 싣고서 고향 네덜란드를 떠나, 수억만 리 뱃길을 따라 인도와 대만을 거쳐 일본 나가사키로 가던 국제 무역인들이었다. 비록 억류인 신분이었지만 첨단 상업 정신으로 무장한 서양의 상인들이 이미 1656년에 병영에 들어왔다는 것은 그야말로 역사적인 사건이 아닐 수 없다. 당시 병영에는 병영상인이란 거대한 보부상 조직이 활발히 활동하고 있을 때였다.

알려져 있다시피, 네덜란드의 도전 정신은 유명하다. 네덜란드는 라인 강 하류에 위치해 홍수가 많고 북해 해일 영향이 있는 수해 지구다. 15세기 이후 영국, 스페인, 포르투갈 등 유럽의 선진국들이 바다로 진출해 미지의 세계를 발견할 당시, 네덜란드는 부단히 홍수와 해일을 막아내면서 살았다.

척박한 나라에서 살아남기 위해 젊은이들은 제방과 둑을 만들어야 했다. 후발 주자로 바다를 개척하고자 당시 인구 200만 명 중 100만 명이 선원이 돼 바다로 진출했다. 17세기는 바다로의 진출이 성공하는 국가로 가는 길이었고, 영국도 감히 네덜란드를 주저앉히지 못했다. 주식회사 동인도회사를 만들어, 200년이라는 세계 최장 해상 무역회사 기록을 남기기도 했다. 동인도회사의 탄생에는 국민들의 자발적인 모금 운동과 협동심이 있었다.

네덜란드는 어린이들을 위한 전용 벼룩시장을 열어준다. 4월 30일 여왕 탄신일은 상점들이 문을 닫고 휴가를 즐기는 날이다. 상점이 철시된 거리엔 어린이 벼룩시장이 들어서고 장사 방법과 지혜를 쌓게 하는 체험 기회를 제공한다. 미래의 세계적인 상인을 키우는 예비 훈련을 시키는 것이다. 아이들은 저마다 깨끗이 세탁한 장난감, 인형, 자전거, 재활용품을 가져와 좋은 자리를 잡는다. 그리고 어른 상인들처럼 가격을 흥정하며 물건을 판다. 아이들은 자신들 또래와 직접 거래하는 데 큰 재미와 흥미를 느낄 것이다. 또한 이 과정에서 작은 수입이지만 스스로 돈을 벌면서 자립심이 길러지게 된다.

하멜과 함께 선원(급사)으로 승선한 10대 소년들 역시 넓고 거친 바다에서 온갖 모험을 통해 성장할 미래 주인공들이었다. 이렇듯 하멜과 그 일행은 어릴 때부터 장사를 배운 사람들이었다. 청소년이 되어서는 배를 타고 세계 시장을 누볐다.

1417년 병영성이 축조되기 전에는 전국적으로 상업이 발전하지 않았다. 각 지방마다 자급자족의 형태로 산물 거래가 이뤄졌다. 하지만 병영에 갑자기 큰 성을 쌓게 되고 사람들이 모여들면서 물자 소비가 폭증하게 되었다. 그리고 이에 따른 수요가 증가하자 병영 사람들은 전국에 물건을 공급하기 시작했다.

또한 전라병영성은 지금의 전라남북도 지역 53개 현과 6개 진을 거느린 거대한 기관이었다. 병영성이 운영될 당시, 각 현에서는 병영성 주변에 일종의 현지 사무소와 직원들을 운영하고 있었다. 그들이 상주하는 곳은 현의 이름을 붙여 '장흥집', '해남집', '목포집',

'제주집' 등으로 불렸다.

그들의 임무는 통신 시설이 없던 시절, 병영성과 해당 현 사이 업무와 관련한 연락을 담당하는 것이었다. 가장 중요한 임무 중 하나는 바로 지휘관인 병마절도사의 동향을 보고하는 것이었다. 당시 병마절도사의 직급이 종2품 직으로, 종6품에 해당되는 현감보다 4단계나 높은 벼슬이었기 때문에 막강한 권한을 행사하는 병마절도사에게 잘 보이기 위해 경쟁적인 노력을 했던 것으로 보인다.

병마절도사의 임기가 평균 2년 2개월 정도로 자주 바뀌는 편이어서, 신임 병마절도사와 그 아래 고급 장교들의 성향과 동향을 파악하는 일이 중요했다. 그래서 병마절도사가 인삼을 좋아한다고 하면 병영상인을 통해 개성이나 금산에서 인삼을 구해오게 했고, 좋은 갓을 수집한다고 하면 제주까지 상인을 파견했다. 고래 고기는 경북 포항이나 울산 쪽으로 가면 구입하기 쉬웠다.

병영상인은 현지에 가면 해당 물건만 사오지 않았다. 그곳에서 생산되는 다른 특산물도 구입해와 병영에 유통시키면서 상업 활동을 확대해갔다. 각 현의 사무실은 동학군에 의해 병영성이 함락되기 직전까지 운영돼 주민들 사이에 구전으로 내려왔다.

병영상인도 네덜란드 상인과 마찬가지로 어릴 때부터 상업을 배웠다. 병영상인의 증언에 따르면, 봇짐을 짊어지고 새벽 장을 보러 다니는 나이 어린 상인들이 적지 않았다. 이들은 처음에 물감이나 참빗 등 작은 상품을 팔러 다니며 장사 기술을 배웠다. 이어 기름,

전남 강진군 병영면 성내리에 위치한 하멜기념관,
하멜 일행은 이곳 병영에서 7년 동안 억류 생활을 했다.

물감 등으로 상품을 확대해갔으며, 나중에 포목과 무명 등을 팔며 자본을 축적해갔다.

병영에서 억류 생활을 한 네덜란드 상인들이 병영상인들에게 어떤 영향을 미쳤을지는 정확히 알 수 없다. 《하멜표류기》에는 식량과 의복을 구하기 위해 먼 곳까지 걸어간 이야기가 일부 있으나, 본격적으로 상업을 했다는 기록은 없다. 그러나 이들이 7년 동안 병영에서 가정을 꾸리고 생계를 유지하면서, 어떤 형태로든 상업 문화를 퍼뜨렸으리라 추정된다. 또 그들은 병영상인들의 상업 활동을 보면서, 자신들이 새롭게 익혀야 할 상업 문화를 배웠을지도 모를 일이다.

제주의 김만덕,
병영상인을 만나다

1970년대 초반까지만 해도, 강진에서 제주로 쌀을 운송했던 사공들이 제주에서 은밀하게 가지고 나온 물품이 하나 있었다. 그것은 바로 말의 머리였다. 말의 머리를 푹 고아 먹으면 지랄병(간질)이 호전된다는 소문 때문에 말 머리를 조용히 찾는 육지 사람들이 꽤 있었다고 한다.

당시 말 머리 거래가 금지된 것은 아니었다. 다만 말 머리를 삶아 먹는다는 게 야만적인 일로 여겨졌기 때문에 거래는 다소 은밀하게 진행됐다. 말 머리가 거래됐다는 것은 말 그대로 육지와 제주 사이에 그만큼 다양한 물품이 오갔음을 의미한다. 예를 들면, 1858년 제주와 육지의 거래목록 중에 주전자 2개가 들어간 기록이 있다. 1800년대 중반쯤이면 주전자는 육지에서도 흔한 물건이 아니었겠지만, 제주도에서는 '반드시 육지에서 들여와야 할 물품'이었다.

이렇듯 가장 필요한 물건을 주고받으며, 제주와 육지는 오래전부터 다양한 거래를 이어왔다. 특히 가까운 거리라는 이점을 지닌 '강진~제주' 항로를 통해, 신라시대부터 조선 후기까지 다양한 해상 교역이 진행됐다.

여기서 이런 의문을 가질 수 있다. 제주에서는 완도나 해남이 더 가까운 육지가 아니냐는 것이다. 그러나 이는 요즘 들어서나 가질 수 있는 질문이다. 1970년대 중반까지만 해도 완도와 해남은 제주와 가깝지만 먼 거리였다.

완도는 섬 지방이기 때문에 제주와 거래할 품목이 제한되어 있었다. 완도는 1969년 원동다리가 연결되면서 육지가 된 곳이다. 제주~완도 간 정기여객선 취항은 1979년 4월 17일에야 시작됐다. 해남 또한 사정은 마찬가지였다. 간척사업 때문에 지금은 논이 많지만 1960년대 후반까지 쌀이 귀했던 곳이다. 결정적으로 명량해협을 끼고 있는 해남의 바다는 물살이 세고 풍랑이 심한 곳이어서 소규모 상업선들이 왕래하기엔 불편함이 많았다.

반면에 강진은 해남과 장흥을 연결하는 교통의 중심지로서 제주에서 올라오는 물품을 유통하기에 좋은 조건을 가지고 있었다. 제주에서 필요한 상품을 원활하게 공급할 수 있는 지리적 요건 또한 갖추고 있었다. 특히 내륙 깊숙이 들어오는 강진만의 안정적인 바다 구조는 풍력에 의지하는 당시 돛배 운송 체계에서 적합한 장소가 아닐 수 없었다.

1940년대 초반 군동 호계리 백금포에서 상선을 탔던 대구 미산마을 정상렬 씨에 따르면, 당시 강진의 백금포에 대형 창고가 100개가 넘었고 50톤급 대형 풍선과 기계선(동력선) 40여 척이 쉴 새 없이 들락날락할 정도였다. 추자도 사람들이 1970년대 후반까지도 강진읍 남포마을과 멸젓을 거래했던 것을 보면, 그런 정황을 좀 더 깊이 있게 알 수 있다.

추자도에서 가장 가까운 육지는 해남 땅끝마을이다. 또 지금의 남창 지역 또한 가장 먼저 만나는 육지다. 그러나 그곳에 물건을 내려놨을 경우, 육로 운송이 발전하지 못한 과거에는 새로운 문제에 봉착할 수밖에 없었다. 내륙까지 상품을 이동하려면 유통비가 그만큼 추가로 소요된다는 문제였다.

이런저런 이유 때문에, 가장 효과적인 이동 방법은 역시 바다를 통해 최대한 내륙 깊숙이 물품을 운송하는 것이었다. 강진은 제주와 가장 가까우면서, 내륙 깊숙이 뱃길이 닿아 있는 천혜의 상업 지역이었다. 강진과 제주의 교역은 1948년 제주~목포 간 철선이 공식적으로 개통되기까지 계속되었던 것으로 보인다.

강진과 제주의 교역 활동과 관련해 조선시대 김만덕(金萬德, 1739~1812)을 거론하지 않을 수 없다. 김만덕은 제주 출신의 상인이었다. 김만덕은 열두 살 때 부모가 죽은 후 관청의 기생이 됐다. 23세에 양인의 신분을 되찾아 기생 생활을 하며 모은 돈을 털어, 제주

건입포 일대에 객주(客主)를 차렸다. 그녀는 제주의 특산물을 육지에 내다 팔아 시세 차익을 남기거나 여러 객줏집을 운영하면서 제주에서 거상이 됐다.

김만덕이 활동했던 18세기 후반은 조선의 봉건 질서가 흔들리면서, 상업 활동이 왕성하게 진행되기 시작한 때였다. 이 시기를 전후해 교역 기반이 확대되어 시장이 발전하고 상인들의 교역망이 형성되는 등 전반적으로 상품 유통 경제가 크게 발전하고 있었다.

내륙 각지에서 5일장이 섰고, 해안과 강가의 포구도 흥청거렸다. 5일장과 5일장, 5일장과 포구, 포구와 포구가 서로 연계되면서 전국이 하나의 상권으로 편제되어갔다. 내륙에서는 마필에 의한 운송이, 연해안 또는 수로에서는 선박에 의한 운송이 상품을 유통시켰다(백승철, 《조선후기 상업사 연구》 참조).

만덕은 이 같은 상품 유통 경제의 발전에 주목했던 것으로 보인다. 객주는 여관 구실도 했지만, 외지 상인들의 물건을 위탁받아 팔거나 거간하는 중간상 역할도 했다. 기생 출신이었던 그녀의 객주는 곧 번성했다. 그녀는 객주를 중심으로 제주의 양반층 부녀자에게 육지의 옷감이나 장신구, 화장품 등을 팔았다. 또 제주 특산물인 녹용과 귤 등은 육지에 팔아 많은 시세 차익을 남길 수 있었다.

만덕의 객주가 있었던 건입포구는 지금의 제주시 건입동 제주항과 가까운 곳에 위치한다. 육지와 해상 교역을 하기에 가장 좋은 곳 중 하나다. 만덕은 이곳에서 강진 등으로 배를 보내 제주 특산물을 판매하고 육지의 각종 산물을 유입했다. 조선시대 육지와 제주의 거래 물품을 가장 많이 파악할 수 있는 자료는 표류인들의 증언 기록이다. 그 외 공식적인 기록은 적다. 조선시대에는 상업을 천시했기 때문이다.

표류 기록이 주목 받은 이유는 이렇다. 이를테면, 제주에서 갓을 싣고 육지로 나오던 배가 일본이나 중국으로 표류했다면 그곳에서 조사를 받았을 것이다. 언제, 어떻게, 무엇을 가지고 출항했으며, 어디를 향하고 있었느냐는 식의 조사 말이다. 이 조사 내용은 기록돼 후대에 전해졌다. 또한 입국 시에도 그와 비슷한 조사를 받았다. 이들에 대한 기록 역시 전한다. 육지에서 제주로 가던 배도 마찬가지다. 지금까지 전해오는 기록 중 표류 기록만큼 정확하고 구체적인 것은 없다.

김만덕이 살았던 시절에 제주와 육지가 교역한 상품을 살펴보자. 제주에서 육지로 나온 물품에는 어물, 어포, 미역, 전복 등 해산물이 압도적이다. 나무빗이나 말안장 등도 눈에 띈다. 그리고 육지에서 제주로 들어갔던 것엔 백미, 유기 등 주로 식량과 공산품이 대부분이었다. 《비변사등록》의 정조 18년(1794) 11월 24일 기록을 보면 이런 내용이 나온다.

육지와 교역하는 제주민들은 매우 불리했다. 흉년에 곡물을 구입하기 위해 말을 싣고 육지로 나가는데, 말 한 마리 값으로 쌀 한 섬밖에 쳐주지 않아도 이를 감수해야 했다.

제주 지역의 주된 상거래 지역은 전남의 강진과 해남 등지였다. 특히 병영성을 중심으로 상업이 발달했던 강진은 제주 지역 상인들이 육지 물품을 확보하는 중요한 거점이었다.

만덕은 부를 쌓아 관기 신분에서 벗어났지만, 근검절약하며 자신보다 약한 사람들을 도왔다고 전해진다. 그러던 중 정조 18년(1794) 8월 27일과 28일에 태풍이 불어닥쳐 제주에 대기근이 발생한다. 그러자 김만덕은 많은 돈을 풀어 육지에서 쌀을 구해와 주민들에게 나눠주었다. 만덕 덕분에 1만 8000명의 섬 사람들이 생명을 구했다. 바로 이런 면 때문에 김만덕이 오늘날 여성 CEO로서 노블리스 오블리제를 실천한 상징으로 추앙받는 것이다.

그녀가 활동하던 시대, 바다 건너 강진에선 어떤 일들이 벌어지고 있었을까. 만덕이 제주에서 활발히 객주를 운영하던 무렵, 전라 병영성 주변에선 상업 활동이 활발하게 전개되고 있었다. 만덕의 사후 시기지만, 병영성은 1878년 수인산성에서 확보한 군량 1700석을 장흥을 비롯하여 5개 읍에 나누어 빌려주었다. 이때 총 물량의 10% 선인 200석을 이자로 받아 재정을 보충했다는 기록이 있다.

또 만덕이 태어나기 전인 1631년 기록인 《인조실록》의 1631년 7월 8일자 기록에 따르면, 조정에선 군인들의 상업 활동을 거의 묵인하던 터라 관청의 무판 활동은 날이 갈수록 확산되고 있었다. 만

제주에 큰 기근이 들었을 때 거금을 풀어
육지에서 곡식을 구해와, 많은 사람들을 살린
여성 거상 김만덕의 초상화.
(김만덕기념사업회 제공)

덕이 활동하던 시대를 전후해, 전라병영성이 있는 강진현에선 다양한 상업 거래가 이뤄지고 있었다. 그러니 가까운 육지에서 생필품을 구입하길 희망했던 제주 상인들에겐 강진이 매력적인 거래처일 수밖에 없었다.

전라병영성은 지금의 전라남북도 지역 53개 현과 6개 진에서 전(錢), 목(木), 미(米) 등이 세분화돼 16종류를 거둬들였으며, 현물 명목으로 받은 것들은 가죽, 땔감, 약재, 종이 등 39종류에 달했다. 이러한 세금은 상당량 시장에서 유통되었는데, 병영상인을 통해 제주의 만덕 상단에게 팔려나갔을 것이다.

전라남북도를 통틀어, 당시 강진에 있었던 전라병영성만큼 교역 물건을 많이 확보한 지역은 어디에도 없었다. 지금은 제주의 교역지로 목포, 여수, 고흥, 부산, 인천 등이 꼽히지만 당시 목포와 여수 등은 작은 어촌에 지나지 않았다. 그리고 부산이나 인천은 돛을 단 장사배들이 쉽게 왕래할 수 있는 거리가 아니었다.

특히 전라병영성에서는 1512년(중종 7년)부터 제주 방어를 위해 군인을 파견했다. 호남원병이라고 불렸던 이들의 인원은 약 500명 정도였던 것으로 전해진다. 원병제도는 임진왜란 이후 단계적으로 축소되다가 1620년(광해군 12년)에 완전히 폐지되었다. 원병 파견 과정에서 사람뿐 아니라 거기서 필요한 다양한 생필품이 오갔을 것은 당연한 일이다.

또 전라병영성을 쌓을 때 제주 사람들이 강진으로 가서 울력을 했다는 구전도 내려온다. 제주도에는 돌이 많아 주민들이 돌을 다루는 기술이 많았는데, 이들의 재주가 성을 쌓는 데 제격이었다는 것이다.

북에는 소월,
남에는 영랑

"북에는 소월이요, 남에는 영랑이라"는 말이 언제 어떻게 사용됐는지는 정확히 알 수 없다. 〈진달래꽃〉의 김소월과 〈모란이 피기까지는〉의 김영랑은 한국 문단을 대표하는 시인으로 꼽는다.

　김소월(1902~1934)은 평안북도 구성에서 태어났다. 〈금잔디〉, 〈엄마야 누나야〉, 〈예전엔 미처 몰랐어요〉 등 제목만 들어도 마음이 설레는 서정시를 남겼다. 소월은 북도의 투박한 사투리와 독특한 가락으로 서정시를 지었다는 평가를 받는다.

　이에 반해 영랑의 시엔 나긋나긋하고 감칠맛 나는 남도 방언이 토대를 이루고 있다. 나긋나긋한 전라도 방언을 시어로 가져온 시도는 영랑이 처음이었다. 두 사람이 가히 한국 문단의 대표 서정시인으로 꼽힐 만한 이유다.

"남에는 영랑, 북에는 소월"이라는 말이 있을 정도로
김영랑(좌)과 김소월(우)은
우리나라의 대표적인 서정시인이다.
(시문학파기념관 제공)

"북에는 소월이요, 남에는 영랑이라"는 말에 견줄 수 있는 말이 또 하나 있다. "북에는 개성상인, 남에는 병영상인"이란 말이 그것. 이 말 역시 언제부터 어떻게 사용됐는지는 알 수 없다. 개성상인에 못지않은 보부상 세력이 병영상인이었다는 말인데, 병영상인은 1417년부터 번성했으므로 아마 그 이후에 나온 말이 아닌 듯싶다.

개성상인은 고려시대와 조선시대에 개성을 중심으로 활동했던 상인 집단이다. 이들은 국내 상업뿐 아니라 국제 교역을 담당하면서 자본을 축적했다. 그리고 이 자본을 바탕으로 인삼 재배, 홍삼 제조업 등으로 진출해 우리나라의 대표적인 상인 집단이 됐다.

고려시대 개경은 국제무역 도시였다. 국제무역항인 예성강 입구의 벽란도를 거점으로, 외국 사신의 왕래에 의한 공무역 그리고 외국 상인에 의한 사무역이 번창해 상업 도시로 발전했다. 이때부터 개경의 상인들은 송상(松商)이라 불리며 세력을 확장해왔다. 개경상인은 조선시대 들어서도 주도적인 상업 활동을 펼쳤으며 이들의 활동은 이후 일제강점기까지 이어졌다. 개성상인의 활동은 현대까지 계속돼, 대한유화, 동양화학, 한국화장품, 신도리코, 녹십자, 한국 빠이롯 등이 바로 개성상인 출신 기업가들의 회사다. 이 밖에 은행가들도 다수 있다.

병영상인은 병상(兵商)이라고 불렸다. 조선 태종 17년(1417) 전라 병영이 강진군 병영면으로 옮겨오면서 세력을 형성하기 시작했다. 전라도와 제주도까지 관할하는 군대가 들어서면서 막대한 물품 소비처가 생겼다. 병영 내에서 소비하는 물품도 막대했다. 병영성 주변에는 2000호가 넘는 민가가 들어섰다. 병영과 민간에 물품을 공급하는 상인들이 필요했다. 병영상인은 그렇게 태동했다. 그들의 무대는 전국이었다. 부산과 서울, 평양까지 물건을 사러, 또는 팔러 다녔다.

전남대 경영학과 박성수 교수는 이렇게 말한다.

"남에는 영랑, 북에는 소월" 그리고 "남에는 병영상인, 북에는 개성 상인"과 같은 말이 있는 건 그저 우연이 아닙니다. 오랜 역사와 전통을 보여주는 말인 것이죠. 두 가지 의미를 연계한 콘텐츠를 개발해보는 것도, 강진 발전을 위해 좋은 일이 될 거라 봅니다.

병영상인의 600년 장사의 비밀 ❷

지리적 환경의 이점을 살리다

병영상인의 역사는 전라병영성이 축조되던 시기부터 시작됐다. 자연스레 여기에 사람들이 몰려들면서 상업적 토대가 마련되었다. 병영상인은 이러한 시대적 환경을 백분 활용하면서 그들만의 장사 기술을 축적해나갔다. 장보고 역시 지리적 이점을 최대한 살려 장사를 했던, 그야말로 장사꾼 기질을 지닌 인물이었다. 우리가 완도라고 알고 있는 청해진은 조선시대 후기까지 강진현에 소속돼 있었다. 그러므로 병영상인은 청해진을 중심으로 무역 활동을 펼쳤던 장보고의 후손이라고도 할 수 있겠다. 장보고는 큰 포부와 넓은 시각을 가지고 있었기에 당시 해상왕으로 군림하며 국제무역을 이끌 수 있었다. 또한 그는 청해진이 중국과 일본의 중간 지점에 있었다는 이점과 강한 군사력을 잘 활용하여 그 일대의 해상무역을 장악할 수 있었다.

밑바닥 정신으로 버텨내다

병영상인이 성공할 수 있었던 까닭에는 여러 가지가 있다. 무엇보다 전라도 병마절도사영 설치라는 시대적 상황과, 이어 그들이 최대한 장사 기지를 발휘해 전국적으로 다양한 판매망과 상품 수급망을 구축한 점, 어떤 고난도 이겨내는 그들의 '밑바닥 정신' 등을 꼽을 수 있다. 오래전부터 병영 사람들은 성냥이나 담배, 라이터돌과 같은 작은 상품을 팔면서 밑바닥부터 장사를 배

위왔다. 아주 작은 것부터 팔면서 물건을 취급하고 또 손님을 상대하는 장사 수완을 체득한 것이다. 객지에서 상업을 하려면 6~7년은 버텨야 한다는 말이 있다. 대부분의 상인들은 이 기간을 감내하지 못하고 포기하는 경우가 많다. 그러나 병영 사람들은 밑바닥부터 줄곧 고생해왔기에, 이를 악문 채 버텨내고 전국의 시장 상권을 장악할 수 있었다. 병영 사람들은 전국 어디서 장사를 하든지 실패하는 사람들이 없다시피 했다.

9 788 9294 17

3부

민들레 씨앗처럼
뻗어나간 후예들

박기현의 후손들,
양조장 사업에 진출하다

강재 박기현은 박장현이란 동생이 있었고, 아들이 넷 있었다. 첫째 아들의 이름이 윤양, 둘째가 윤평, 셋째가 윤간, 넷째가 윤안이었다. 이들은 대부분 아버지와 달리, 농사를 짓거나 유림 생활을 했다. 그러나 강재의 손자들은 달랐다. 할아버지의 '장사꾼' 피가 흐르고 있었다.

강재의 손자들부터 시작되는 양조장의 역사는 강진 양조장의 역사이자 인근 해남, 영암, 장흥 양조장의 역사다. 그의 후손들은 할아버지가 모아둔 재산을 밑바탕으로 적잖은 자본이 필요했던 양조장 사업을 장악할 수 있었다.

병영상인의 막걸리 역사는 박기현의 동생인 박장현으로부터 시작됐다. 박장현에겐 윤원이란 아들이 있었는데 또 그의 사위 이름이 김남식이었다. 참고로 김남식 사장은 1950년대 중반 지금의 병영주조 자리에 '병영소주'라는 소주 공장을 차린 인물이다. 소주와 막걸리를 함께 생산하는 공장이었다.

당시 강진읍에는 강진소주와 은하소주 등이 전국적인 유명세를 날리고 있을 때였다. 병영소주는 1970년대 초반까지 해성소주라는 상표를 달고 생산됐으나 이후 막걸리와 희비가 갈리게 된다. 박정희 대통령이 식량으로 술을 만들지 말라는 법령을 공표하면서 강제로 생산이 중단된 것이다.

박기현의 직계 후손들의 양조장 진출은 이미 밝혔듯이 그의 손자들을 통해 집중적으로 이뤄졌다. 박윤안의 첫째 아들인 박원권은 김남식이 운영하던 병영소주에 들어가 일을 배웠다. 이후 박원권은 해남 계곡면의 양조장을 인수해 해남으로 첫 진출을 하게 된다. 병영상인 양조장이 해남에 처음으로 진출한 사례가 된 것이다.

비슷한 시기에 박윤양의 셋째 아들인 박희권이 작천양조장을 차렸다. 1950년대 중반의 일이다. 그는 작천에서 상당한 재력가로 이름을 떨쳤다. 사업에 관심이 많았고 정치적 기질도 좋았다. 그는 얼마 후 바로 위의 형인 박영권에게 작천양조장을 인계하게 된다.

박영권이 작천에서 양조장을 할 때가 바로 막걸리 전성시대였다. 작천막걸리는 물맛이 좋다는 소문이 퍼지면서 강진에서 가장 인기 있는 막걸리 중의 하나가 됐다.

그리고 박희권은 영암읍으로 진출해 그곳에 장암양조장을 차린다. 그러니까 이것이 병영상인 양조장이 영암에 첫 진출한 케이스였다. 그는 이미 해남 계곡면에 양조장을 낸 박원권의 사촌형이기도 했다. 그런데 갑자기 변수가 생겼다. 영암읍 장암마을에서 양조장을 하던 박희권이 갑자기 작천면 의원에 당선됐다. 당시에는 면의원을 직선으로 선출할 때다. 당장 영암양조장 일을 봐줘야 할 사람이 필요했다.

그때 부탁을 받고 영암양조장 일에 들어간 이가, 계곡면에서 양조장을 하고 있던 박원권의 둘째 동생 박양권이었다. 당시에는 양조장이 대단한 이권사업이었다. 경쟁도 치열했다. 지역 유지들이 양조장 사업을 독점하고 있던 시절이다. 박양권이 영암읍에 갔을 때 3곳의 양조장이 운영되고 있었다. 1959년 21세 때였다. 집안들이 짱짱했다. 사람들은 세 곳의 양조장을 운화파, 동운파, 장암파라 불렀다. 그만큼 막강한 세를 과시하고 있었다.

운화파는 영암의 한 유명했던 정치인 집안에서 운영하는 도가집이었으며, 동운파는 당시 유명했던 모 검사 집안의 양조장으로 하늘을 나는 새도 떨어뜨린다는 위세를 자랑하고 있었다. 그 틈에 박양권이 21세의 나이로 들어간 것이다.

당시만 해도 장암양조장은 영암읍 외곽마을에 있는 서열 3위의 조그만 양조장에 불과했다. 새로 막걸리를 넣으면 다른 양조장 배달원들이 통을 발로 차서 밖으로 던져버려도 아무 말을 못할 정도였다. 그러니 새로 상점을 개척하기가 하늘의 별따기보다 어려울 수밖에 없었다. 상점 주인들이 운화파와 동운파의 압력을 두려워했

강진군 작천면에서 작천양조장을 운영하는
강재 박기현의 증손자 박병준 사장.
작천은 병영과 맞닿아 있는 곳으로, 강재의 후손들은 현재
강진군에서 3곳, 해남군에서 5곳의 양조장을 운영 중이다.

다. 하지만 박양권은 병영상인의 후예답게 '밑바닥 정신'으로 꿋꿋이 버텼다. 종업원들에게 아침에 가장 먼저 배달을 하게 했다. 맛을 개선하기 위해서 끊임없이 연구도 했다.

하늘은 스스로 돕는 자를 돕는다 했던가. 막걸리 맛이 좋다는 소문이 퍼지면서 장암막걸리를 찾는 사람들이 차츰 늘어갔다. 드디어 그의 노력이 빛을 발하게 된 것이다.

가게 앞쪽에는 운화파 막걸리를 내놓지만 안쪽의 진짜 손님들에게는 장암막걸리를 판매하는 상점 주인들이 많아졌다. 이를 질시하는 경쟁사들의 방해도 끝없이 이어졌지만, 그렇게 10년을 버티자 장암막걸리는 영암읍에서 가장 많이 팔리는 막걸리가 되기에 이르렀다. 그는 이렇게 감회를 털어놓는다.

양조장은 그 지역의 상징적인 기업이었지요. 운화파나 동운파가 영암읍의 자존심이었습니다. 그러나 우리가 끝내 이겼습니다. 강진에서 온 사람이 양조장을 장악하자 이런저런 갈등이 많았지요. 그래도 영암 사람들이 참 좋습디다. 결국 인정을 해주더군요.

그렇게 10년이 지나고 박양권은 해남군 산이양조장을 인수하는 데 성공한다. 이후 우여곡절을 거치며, 병영상인 후손들의 해남 지역 양조장 역사는 계속되었다. 현재 강재의 후손들은 산이양조장, 화원양조장, 현산양조장 등 3곳의 양조장을 운영하고 있다.

민들레 씨앗처럼
뻗어나가다

병영면 용수마을 최인근 옹은 어릴 적 어머니로부터 행상을 다니던 조부님 이야기를 많이 듣고 자랐다. 지금으로부터 150여 년 전의 일이다. 조부님은 백목을 팔러 다니던 상인이었다. 새벽닭이 울면 조부님은 등에 백목을 짊어지고 행상을 나갔다. 며칠씩 짊어지고 시장을 돌아다니면 백목이 여간 무거운 게 아니었다. 조부님이 집을 나가 마을 뒷산을 넘어갈 때는 끙끙 앓는 소리가 집 안까지 들릴 정도였다.

조부님은 하루도 쉬는 날이 없었다. 집을 한번 나가면 5일 후에나 돌아오곤 했다. 집에 돌아오면 장흥에서 백목을 사왔다. 당시 장흥에 백목을 취급하는 집하장이 있었다고 했다. 그렇게 해서 돈이 벌리면 땅을 사는 게 일이었다. 조부님은 50여 년 이상 행상을 하면서 적지 않은 돈을 모아 논을 늘려갔다.

그러나 글을 몰랐던 조부님은 보성이나 장흥에 땅을 사놓고도 많이 잃어버렸다. 계약서도 없이 땅을 사서 한참 지나고 나면, 그 땅이 자기 명의가 아닌 것으로 드러난 게 한두 번이 아니었다. 그런 식으로 논을 많이 잃은 조부님은 자식들에겐 글을 가르쳐야 한다고 생각했다. 그래서 최인근 옹의 아버님에게는 한학만 배우게 했단 다. 재산은 꽤 모았으니, 돈 걱정할 일은 없었다. 덕분에 최인근 옹 도 학문을 해서 학교 교사로 재직하다 작천초등학교에서 정년퇴임 을 했다.

최 옹은 이렇게 말한다.

> 행상을 다니던 조부님의 끙끙 앓는 소리가 집 안까지 들릴 정도였다 는 어머님의 말씀이 지금도 기억에 남아 있어요. 150년 전에 조부님 이 벌어놓은 틀이 있어, 지금까지 우리 후손들이 크게 돈 걱정 없이 살고 있습니다.

150여 년 전이면 전라병영성이 폐지(1895)되기 전의 일. 최인근 옹 조부님의 행상 활동은 전라병영성이 운영될 당시 병영 일대 주 민들의 일반적인 생활 모습이었을 것이다. 그래도 백목이란 품목은 병영상인들이 취급했던 상품 중 고급 종류에 속했다. 병영상인들은 아주 작은 품목으로 장사를 배우며 조금씩 상술을 터득해갔다.

올해 여든인 같은 마을 강능한 옹은, 아주 작은 것부터 팔기 시작해 단계적으로 돈을 모아가는 병영인의 전형을 보여준다. 그는 열두 살 때부터 성냥 장사로 행상을 시작했다. 시기적으로 따지면 일제강점기 말기에 해당되는 1940년대 초반이다. 성냥을 짊어지고 강진장과 도암장, 칠량장, 장흥 대덕장, 해남장, 장흥장, 병영장을 순회하며 장사를 했다.

장을 보러 다닐 때는, 보통 10여 명씩 짝을 지어 다녔다. 첫닭이 울면 행상을 차리고 집을 나서, 이름을 부르고 동행인들을 모았다. 이때 가장 중요한 것은 전날 준비한 짚세기를 반드시 챙기는 일이었다. 걸어서 시장을 돌아다니려면 짚세기가 필수품이었기 때문이다.

병영에서 출발하면 강진읍장까지는 보통 2시간 정도 소요됐다. 강진읍장은 강진에서 가장 큰 장이었다. 다른 장도 마찬가지였지만, 강진읍장 또한 전체 상인의 절반 이상이 병영 사람들이었다. 병영 사람들이 아니면 장이 서지 못한다는 말은 거짓말이 아니었다. 강진읍장을 보고 오후가 되면, 짐을 꾸려 다음 날 도암장을 보기 위해 발길을 재촉했다. 서너 시간을 걸어 내려가다 도암 계라리 삼거리 주막에서 1박을 했다. 주막에 도착하면 여기저기서 모여든 상인들로 북새통을 이뤘다.

다음 날 도암장을 보고는 신전장이나 좌일장으로 내려가는 사람도 있었고, 칠량장을 보러 가는 상인도 있었다. 칠량장을 보러 가는 병영상인들은 줄을 지어 도암 신기리로 향했다. 그리고 신기리 망호마을 얼구지란 부두에서 배를 타고 건너편 저두리로 가서 1박을 했다. 배가 없을 땐 연기를 피우면 사공이 알아보고 배를 저어왔다. 날씨가 좋지 않으면 얼구지 주막에서 잠을 청했다.

　칠량장을 보고 다시 걸어 올라오다 보면, 군동 관덕의 주막에서 다시 1박을 했다. 이렇게 코스를 잡으면 보통 3일 정도 돌아다니다 집으로 돌아오곤 했다. 그렇게 3~4년 정도를 하면서 조금씩 돈을 모았다. 당시의 심정을 최 옹은 이렇게 회고했다.

> 주막에서 옆 사람들이 팥죽을 먹으면, 어린 맘에 그렇게 죽이 먹고 싶었지요. 그래도 돈이 아까워서 꾹 참고 견딘 것 생각하면 지금도 눈물이 나옵니다.

　돈을 모으면서 조금씩 품목을 늘려갔다. 담배만 가득했던 상자 속에 구루무와 바늘, 거울, 단추, 실, 빗, 양잿물 등을 함께 가지고 다니며 팔았다. 잡화류는 주로 목포에서 물건을 가져다 공급하는 도매상이 있었다. 병영상인들은 도매상을 대상이라고 표현했다.

　그 후에는 석유장사를 시작했다. 석유 한 말을 짊어지고 장을 돌며 팔면 이윤이 가장 많이 남았다. 석유는 주로 강진읍에서 공급받았다. 궤짝을 짊어지고 주변 시장을 다녔는데 한쪽에는 양잿물을, 다른 한쪽에는 기름을 담고 다녔다.

1934년 강진군 칠량면에 섰던 목화시장의 모습.
일제는 목화를 수매해서 일본으로 싣고 갔다.
칠량장은 1800년대 초반에도 섰던 것으로 《임원경제지》에 전한다.
(이용국 제공)

강능한 옹은 스물아홉에 결혼을 했단다. 반려자 김정님 옹과 장을 함께 보러 다녔다. 아이를 맡길 때가 없어 항상 업고 다니며 시장을 봤다. 그렇게 악착같이 행상을 해서 돈을 많이 모았다. 20여 년 가까이 행상을 해서 논 20마지기를 장만했다. 웬만큼 돈을 모은 부부는 고향을 떠났다. 부부는 마량으로 이사해 그곳에 점포를 열고 철물과 냄비 등을 팔았다. 그 세월이 다시 20년이었다.

강 옹의 행적은 일반적으로 병영상인들이 살아가는 방식이다. 병영상인들은 그와 같이 행상을 해서 일정한 돈이 모아지면 더 큰 시장을 찾아 전국으로 흩어졌다. 그 범위가 강원도 속초, 인천, 서울, 부산, 군산, 목포 등 전국의 웬만한 지역을 아우른다. 그야말로 남에는 병영상인이 있다는 말이 괜히 나온 게 아니다.

고향에서 오랫동안 교사 생활을 했던 최인근 옹은 이렇게 말했다.

> 병영 사람들은 전국 어디서 장사를 하든지 실패하는 사람들이 없었어요. 성냥이나 담배, 라이터돌 같은 것부터 팔면서 장사를 배웠기 때문에 물건을 취급하는 것이나, 손님을 상대하는 것이나 다른 사람들이 따라올 수가 없었기 때문이죠. 전국의 시장을 병영상인이 재패한 큰 이유입니다.

병영 도룡마을 한상철 씨는 병영상인들의 활동 영역이 굉장히 넓었다는 것을 보여준다. 한씨 역시 열네 살(1951) 때부터 성냥과 기름장수를 하면서 장사를 배웠다. 강진읍장을 시작으로 대구장, 장흥 대덕장, 용산장, 관산장, 장흥장을 순회하는 것을 기본으로 벌교, 보성, 순천, 여수까지 장을 보러 다녔다. 여수까지 다녀오면 보통 10여 일이 소요됐다. 가다가 장을 보고 잠을 자고 다시 걸어가서 장을 보는 형태였기 때문에 10여 일씩 걸어 다니는 일이 결코 불가능한 일이 아니었다.

한씨가 어릴 적 어른들을 따라 다녀보면 당시 할어버지들은 부싯돌이나 황, 참빗 등을 팔았다 한다. 그러니까 한씨가 장사를 시작한 1940년대를 전후해서 성냥이 나오고, 석유 기름이 나오기 시작했던 것이다.

그는 열네 살 때 어른들을 따라 다니며 주막에서 잠을 잤던 일이 지금도 눈에 선하다. 어른들은 금방 잠에 떨어지지만 어린 소년은 그게 어려웠다. 그래서 밖으로 나와 하늘의 달을 쳐다봤다. 돈을 아끼느라 어른들이 먹다 남은 밥을 먹으려고 제일 늦게 수저를 놓곤 했던 시절이다. 열네 살 소년은 달을 보며 노래를 흥얼거렸다. "있다고 자세 말고, 없다고 서러워 마라. 음지가 양지되고, 양지가 음지된다. 세상에 돈이라는 건 돌고 도는 것이다. 너의 행복과 나의 행복은 기다리면 돌아오리라."

열네 살 소년이 직접 지은 노래라고 보기 어려울 정도로 삶의 아픔과 교훈이 진하게 배어 있는 내용이다. 그는 열여덟 살까지 기름과 성냥을 팔았다. 기름장사를 하는 원리는 이랬다.

강진읍 대상(도매상)에서 기름 한 되를 사면 맥주병만 한 크기의 병으로 세 병을 담을 수 있었다. 그런데 한 병을 팔면 한 되 가격이 나왔다. 나머지 2병은 그대로 이윤으로 남았다. 장사는 그런 것이었다. 1950년대 말인 스무 살이 되어서야 시중에 고무신이 나오기 시작했다. 그때까지는 짚신을 신고 다녀야 했다. 한번은 한 겨울에 짚신이 해져서 눈길을 맨발로 걸어본 적도 있었다.

그러다가 돈이 조금 모아지자 담배와 물감을 팔았다. 당시에는 엽초담배라고 해서 잎담배를 재배한 사람들이 집에서 직접 담배를 만들어 상인들에게 공급했다. 스물아홉까지는 고무신을 때우는 일을 했다. 돈을 많이 모았다. 여덟 식구가 논 한마지기 없이 살았으나, 한씨의 행상 덕분에 적지 않은 논을 살 수 있었다.

서른 살이 되었을 때 돈도 모으고 해서 나도 다른 곳으로 떠나고 싶었지요. 그런데 장남이라 당연히 부모님을 모셔야 하는 것을 알고 고향에 눌러앉았습니다. 그때 고향을 떠난 친구들도 상업을 해서 모두 타지에서 성공했지요.

병영상인들의 활동 영역은 병영을 중심으로 남쪽 지역에만 한정된 것은 아니었다. 영산포와 나주, 영암, 독천 등 북쪽 지역도 병영상인이 없으면 장이 서지 못할 정도였다.

무명띠에 아기 업고
만주까지

지금부터 65년 전인 1944년 겨울이다. 찬바람이 사정없이 몰아치는 중국 만주의 어느 허름한 주택가. 무명베를 짊어지고 행상을 하던 한 여성이 갑자기 산고를 느끼기 시작했다. 여자는 동행인들의 도움으로 허름한 가정집을 찾아들었다. 집주인에게 어렵게 사정해서 방 한 칸을 얻었다. 그 여인은 생명처럼 쥐고 있던 무명베를 내려놓고 그날 밤 아들을 낳았다.

그 여인은 강진 병영에서 만주로 행상을 간 사람이었다. 집에서 누에를 쳐 실을 뽑아 며칠 밤을 새우며 무명 몇 필을 만들었다. 주변 사람 5~6명과 동행인 조를 짰다. 다음 날 새벽 영산포로 올라가서 기차를 탔다. 서울을 거쳐 일주일이 넘게 기차를 타고 만주까지 갔다. 만주에서 무명을 팔고 병영의 집으로 돌아오기까지 보름 정도가 소요됐다. 이 여인은 만삭의 몸으로 만주 행상을 떠났던 것이다.

1930년대 말에서 해방 전까지 병영상인들이 만주로 행상을 떠난 것은 보편적인 일이었다. 보통 병영 인근의 경우 한 마을에 5명 이상이 팀을 이뤄 '만주장'을 보러 다녔다. 병영 중고마을 이장 송용백 씨는 어릴 적 어머니로부터 만주장에 다니면서 고생한 이야기를 수도 없이 들었다. 돈을 아끼려고 밥을 굶은 이야기하며, 잠자리가 없어 남의 집 처마 밑에서 잠을 청한 이야기 등이 지금도 귀에 생생하다.

송 이장은 이렇게 말했다.

> 낮에는 순전히 굶었다 하셨고, 밤에 어느 집에 들어가 하도 배가 고프면 생쌀이라도 한 주먹 얻어먹고 잠을 청했다고 하셨습니다. 상업에 대한 확신이나 욕심이 없었으면 도저히 불가능한 장삿길이었겠죠.

중고마을 김화중 씨는 '만주장'에 다닌 사람들의 모습을 보다 생생하게 기억하고 있었다. 김씨에 따르면, 무명베를 만주에 가지고 가면 노다지로 탈바꿈했다 한다. 몇십 배의 이윤이 남는 장사였던 것. 만주장을 한 번 보고 오면 논 한 마지기를 살 수 있는 돈을 벌어 올 정도였다. 그러나 만주장을 보러 다닌 여자들의 경우, 많은 무명을 한꺼번에 가지고 갈 수가 없었다. 중간에 일본 경찰에 빼앗긴 경우도 많았고 국경을 넘나들 때도 검문이 심했다고 한다.

병영면에는 지금도 5일장이 서는데
옛 정취가 많이 남아 있어 관광객들이 많이 찾는다.

그래서 보통 2~3필의 무명을 가지고 출발하는 게 고작이었다. 젖먹이 아이가 있으면 되도록 업고 다녔다. 무명을 짊어지고 그 위에 젖먹이 아이를 업으면, 무명을 뺏길 염려가 줄었기 때문이다. 어떤 여자들은 무명을 감추기 위해 복부와 다리에 무명을 칭칭 동여매고 기차에 오른 경우도 있었다 한다.

김씨는 이렇게 회고한다.

일제강점기 때 가난에 못 이겨 만주로 이주한 사람들이 많았는데, 그 사람들의 입을 통해 만주에는 어떤 물건이 귀하다는 소문이 퍼졌던 것 같아요. 만주에 무명이 귀하다는 말을 들은 병영상인들이 그곳까지 물건을 가지고 가서 팔았던 것이지요.

병영에서 만주까지 물건을 가지고 가서 판다는 것은 당시 상황에서 시도하기 꽤 어려운 일이지 않았을까. 하지만 오랜 상업 활동으로 단련된 병영상인들의 발걸음이기에 만주장 진출이 불가능한 벽이 아니었던 것이다. 병영상인들의 만주장은 해방이 되어 북쪽에 공산 정권이 들어서고 남북이 나뉘면서 그 명맥이 끊기게 되었다.

이제 다시 국내 무대로 돌아가보자. 병영상인은 제주장도 넘나들었다. 중고마을 이장 송용백 씨는 어머니가 제주에서 흑돼지를 가져오던 모습이 생생하다. 1950년대 후반의 일이다. 어머니는 돼지를 사올 때 새끼돼지의 발목을 고무줄로 칭칭 동여매서 왔는데,

장시간 배를 타고 온 돼지의 발목은 늘 퉁퉁 부어 있었다고 한다. 어머니는 인근 장을 돌아다니며 흑돼지를 팔았다.

병영상인이 제주도로 들어갈 때 가지고 간 것은 생활용품과 식량 종류였다. 전쟁이 끝난 후 제주도는 각종 생활용품과 식량이 절대적으로 부족한 상황이었다. 병영상인은 해남을 거쳐 지금의 황산면 성산리 삼지원에서 철선을 타고 건너편 벽파진으로 건너갔다.

1960~70년대 제주도로 이주했던 강진 사람들의 말을 들어보면, 목포에서 출발해 벽파진에서 제주로 가는 뱃길이 보통 고생길이 아니었다 한다. 필자가 2006년에 만난 재제주강진향우회 문인식 고문은 배를 타며 고생했던 이야기를 생생히 전했다.

철선은 해남 땅끝을 지나 넓은 바다로 나오면 조그만 파도에도 요동을 쳤다. 배는 추자도가 가까워지면서 더욱 심하게 흔들거렸다. 흔들거림이 심하면 뱃머리가 바다로 곤두박질을 치다가, 다시 파도를 타고 훌쩍 하늘로 몸을 올려 세웠다. 이럴 때면 배 안은 이리저리 굴러다니는 것들이 화물인지 사람인지 분간을 못할 때가 많았다. 배 안은 승객들이 토해낸 이물질들이 여기저기 널려 있었다. 한참을 그렇게 지나면 멀리서 한라산이 보이기 시작했다. 이 뱃길을 따라 1960~70년대 강진읍 남포 사람들이 멸젓을 구입하기 위해 추자도를 오갔고, 병영상인들이 물건을 사고팔고자 제주를 오갔던 것이다.

삼륜화물차 위
꽃처럼 울긋불긋

병영상인이 취급한 물품은 대부분 외지에서도 조달됐지만, 일정 부분 자체로 생산 시스템을 가지고 생산과 판매가 분업화된 경우도 있었다. 목화를 키워 직접 무명을 만들어 판매하는 경우가 많았고 바구니나 바지게, 채 등 대나무를 이용해 간단히 만들 수 있는 것과 지게를 비롯한 간단한 농기구도 직접 만들어 시장에 내다 팔았다.

병영면 소재지의 삼인리 신지마을에는 유기그릇 공장이 있었다. 신지마을의 유명완 씨에 따르면 신지마을에서는 1960년대 후반까지 유기그릇이 생산됐다. 언제부터인지는 정확히 알 수가 없다.

유기를 생산하던 집이 4~5채 됐는데 규사와 구리, 납, 주석 등을

1960년대 후반 병영상인들이 트럭을.타고
해남 대흥사에 야유회를 갔다.
병영상인은 일찍부터 트럭을 타고 각 시장을 돌아다니며 장사를 했다.
(김관홍 제공)

녹여 놋그릇을 만들곤 했다. 보통 유기그릇 공장은 2명 정도의 종업원을 두고 일을 하는 경우가 많았다. 이렇게 생산된 유기그릇은 병영상인이 도매가격에 구입해서 시장으로 판매하러 다녔고, 그릇을 생산한 공장주들이 관내 마을로 팔러 다니기도 했다. 병영의 유기그릇은 일제강점기까지 번성했으나, 1941년 태평양전쟁이 발발하면서 급격한 쇠퇴의 길로 들어섰다. 일제가 전쟁 물자를 만들기 위해 놋그릇 등을 광범위하게 공출해갔기 때문이다.

병영상인은 콩나물이나 튀김, 꽈배기, 아이스크림, 붕어빵도 직접 만들어 각 시장에 판매하러 다녔다. 지금의 한골목에는 70년대 초반까지 이것들을 만들어 직접 판매하는 전방(가게)들이 즐비했다.

병영면 소재지 일대에는 다양한 소규모 공장들이 많았다. 일제강점기 때는 오꼬시 등을 만드는 제과공장이나 두부공장 그리고 은장도와 담뱃대, 가락지, 비녀를 만드는 은공장도 있었다. 1950년대 초반엔 참기름공장과 방앗간이 등장했다. 이후 죽물공장, 고물상도 나타났다.

농산물의 경우 주로 쌀장사들이 많았다. 지금도 유명한 병영단감 역시 병영상인들이 취급한 농산물이었다. 병영면 소재지에 있는 김정권 전 병영면장의 집 뒤뜰에는 일제강점기에 일본인 여교사 도요시마란 사람이 심었다는 감나무 밭이 지금도 열매를 맺고 있다.

병영면 성남리 장순현 할머니와 작고한 남편 김장철 씨는 쌀을 싣고 영산포와 나주, 영암장, 독천장을 주로 보러 다녔다. 영산포와 나주에서는 강진 쌀과 나주 배를 물물교환하여, 배를 강진으로 가져와 파는 경우가 많았다. 때론 생강이 주요 교환 품목이기도 했다.

장순현 할머니는 이렇게 회고했다.

> 병영상인들이 가마니에 쌀을 담아 팔 때 영암상인들은 소꾸리에 담아 거래하고 있었지요. 물건의 단위를 세는 것이라든가, 하다못해 물건을 포장하는 기술까지 영암에서 병영상인을 따라올 수 없었어요.

병영에는 예부터 '관리들에게 영암 군수할 것인지 병영 주재소장을 할 것인지 물어보면, 병영 주재소장을 한다고 했다'는 말이 전해져온다. 주재소장이란 직책이 나오는 것으로 보아 일제강점기에 생긴 말로 여겨진다. 여하튼 영암군 전체보다 병영에서 취급되는 물량이나 거래되는 돈이 많았다는 뜻이다.

장순현 할머니의 장남인 김갑승 씨도 지금 상업을 하고 있다. 김씨는 요즘에 장흥장(2일, 7일)과 병영장(3일, 8일) 두 곳을 다니고 있다. 김씨처럼 대를 이어 고향에서 상업을 하는 사례는 그리 많지 않다. 대부분 일정한 돈이 모이면 외지로 떠나는 풍습이 자리 잡았기 때문이다.

일제강점기 병영에는 일본인들이 적지 않게 들어왔다. 강진읍내

와는 비교할 수 없을 정도로 적은 규모였지만 가족 단위로 병영에 정착한 일본인들은 면 소재지에서 주로 작은 가게를 많이 차렸다. 그들은 지독하게 가난했다. 그러나 당시 병영은 상업적으로 경쟁하기가 쉽지 않은 곳이었기 때문에, 일본인들이 쉽게 정착할 수 있는 지역이 아니었다.

신경식 병영노인회장은 이렇게 말했다.

> 일제강점기 한국으로 이주한 일본인들은 가난한 사람들이 많았습니다. 병영까지 찾아들어온 사람들은 더 어려운 사람들이었지요. 일본 사람들이 병영에서 어찌나 고생을 했던지, 한 일본인은 몇 년을 고생해 논을 조금 구입하고 나선 엉엉 울었다는 말을 들었습니다.

지금도 병영 주민들이 자연스럽게 말하는 것 중에 하나가 "장을 봐주러 다녔다"는 표현이다. "장을 보러 다녔다"가 아니고, "장을 봐주러 다녔다"는 것이다. 이는 병영상인들이 장을 가지 않으면 그곳의 장이 서기 어려웠다는 자신감과 배짱이 담겨 있는 말이다.

병영상인들은 해방 후, 자전거의 출현과 함께 물류 이동의 일대 혁신을 맞게 된다. 그전까지는 대부분의 장을 직접 걸어 다녔고 말을 이용한 수레 이동은 극소수에 불과했다.

김정권 전 병영면장은 해방 후 자전거가 나오자마자 병영에는 1000여 대의 자전거가 들어왔다고 회고했다. 장을 보러 다니는 상인들이 앞다퉈 자전거를 구입했던 것이다.

좁은 길도 쉽게 갈 수 있는 자전거는 상인들에게 혁명 같은 이동 수단이었다. 매일 새벽이면 짐칸에 물건을 싣고 장으로 향하는 자전거 행렬이 일대 장관을 이루곤 했다. 자전거가 등장하면서 물건의 수량에도 큰 변화가 일어났다. 물건을 직접 짊어지고 다닐 때는 취급 물건이 극소수에 불과했으나, 자전거의 등장과 함께 숫자도 많아졌고 양도 커졌다. 이동성도 뛰어나 외지에서 숙박을 하는 상인들도 줄어들었다.

> 자전거 행렬이 지나가면 일반인들이 병영상인들이라는 것을 금방 알아차릴 정도로, 병영의 자전거 부대는 유명했습니다. 그러나 당시엔 형편없는 도로 사정 때문에 타이어 펑크가 자주 나서 고생을 많이 했지요.

용수마을의 강능한 할아버지는 이렇게 말하며 웃었다. 김정님 할머니는 갓 태어난 딸을 업고 강 할아버지가 운전하는 자전거를 타고 장을 보러 따라 다녔다 한다. "자전거에 세 식구가 타고 돌투성이 도로를 어떻게 다녔는지 지금도 그때를 생각하면 정신이 아찔해요."

많은 병영 주민들이 자전거와 관련해 기억하는 일이 있다. 1948년 5월 있었던 초대 민의원(지금의 국회의원) 선거에 병영 낙산마을 출신 김용선 씨가 출마한 적이 있었다. 병영상인들이 김 후보의 선거운동에 뛰어들었는데, 가장 효율적인 이동수단이 바로 자전거였다. 물론 다른 지역은 자전거가 거의 보급되지 않은 상태였고, 상대 후보도 자전거를 이용해 선거운동을 할 생각은 못하고 있을 때였다.

병영상인들이 선거운동에 나서면 500여 대의 자전거가 동시에 움직였다. 자전거를 탄 사람들은 인근 시장을 매일같이 돌아다니는 병영상인들이어서, 마량이나 도암까지 이동해도 지칠 줄 몰랐다. 특히 자전거 500여 대가 긴 대열을 형성하며 줄줄이 움직이는 모습은 그 자체로 장관이어서 홍보 효과가 뛰어났다. 그러나 아깝게도 김용선 후보는 낙선하고 말았다.

중앙선거관리위원회의 선거 기록을 보니, 1개군에서 1명을 뽑는 소선거구였던 당시에 강진은 전남의 제17선거구였다. 후보로는 한국민주당의 김윤식 후보, 무소속의 차경모 후보와 김정식 후보, 대독촉국회 소속의 김용선 후보 등 4명이 출마했다.

개표 결과, 차경모 후보가 1만 5104표로 당선됐다. 그리고 2위가 김용선 후보였다. 김 후보는 1만 2429표를 얻어 1위와 3000여 표 차로 차점을 기록했다. 김용선 후보가 2위를 기록한 것은, 조직력과 기동성을 앞세운 병영상인들의 활약이 큰 역할을 한 것은 물론이다. 김정권 전 병영면장은 이렇게 회고했다.

1948년 5월 열린 민의원선거에서 병영상인들이 자전거를 타고
병영 출신 김용선 후보의 선거운동을 대대적으로 벌였다.
병영상인들은 자전거를 타고 장을 보러 다녔기 때문에
기동력에서 압도적인 위치를 차지했다.

(강진군마을사 병영면 편)

김용선 후보는 병영 사람들이 매우 존경하는 분이었기에 병영상인들의 자발적인 지지가 있었지요. 상인들의 자전거 부대가 당시 선거 분위기를 주도했을 정도였습니다.

이처럼 병영상인은 남다른 결집력과 월등한 기동력으로 정치권에도 적잖은 영향력을 미치는 세력으로 성장했다. 자전거에 이어 1960년대 들어선 바퀴가 세 개 달린 삼륜차가 나왔다. 삼륜차 역시 병영상인들에게 물류 이동의 혁신을 가져왔다. 본격적인 자동차 시대가 열린 것이다. 병영상인들은 40~50여 명씩 짝을 이뤄 삼륜차에 몸을 싣고 각 시장으로 향하곤 했다.

1970년대 들어선 경운기가 들어와 병영에서 상인들이 전용으로 사용한 경운기가 10~12대에 달했다 한다. 병영상인들이 매일 아침 경운기를 타고 각 시장으로 향하는 모습도 많은 사람들의 기억 속에 살아 있는 풍경이다.

병영상인의 규모는 1980년대로 접어들면서 급격히 줄어들었다. 대대적인 이농으로 농촌의 인구가 줄어들고 이에 따라 시장의 규모 또한 크게 줄었기 때문이다. 1970년대 강진에서는 강진읍장, 성전장, 도암장, 칠량장, 대구장, 병영장 등 6곳에서 5일장이 열렸다. 지금은 강진읍과 마량장 정도가 정상적으로 설 정도다. 인근 시·군도 사정은 마찬가지다.

병영면 소재지 상인들의 모임인 '병영장터상인회'의 회원들도 현재 20명에 불과하다. 70년대 중반까지만 해도 50명이 넘었다고 한다. 또 각 마을에서 5일장을 보러 다니는 상인들이 있으나 그 규모는 극소수다.

"병영상인들이 숫자는 줄었지만, 생활력이 강하고 선후배 사이에 친목이 돈독한 것은 예전 그대롭니다." 27세부터 행상에 나선 병영장터상인회 노정수 회장은 이렇게 말했다.

장흥에 진출한
병영상인들

장흥읍 5일장이 있는 장흥군 장흥읍 예향리 토요시장. 상설시장 건물 한편에 '광성상회'란 커다란 간판이 붙은 기물 취급 점포가 있다. 이곳의 사장인 김영실 씨의 고향은 병영면 지로리다. 김 사장이 이곳에 자리 잡은 과정을 살펴보면, 병영 사람들이 어떤 방법과 경로를 통해 외지 상권으로 진출했는지 그 전형을 알 수 있다.

김 사장은 고향에서 농사를 짓다가, 스무 살 때 목포시 용해동에 있던 협신상회란 기물도매상회에 취직해 갔다. 협신상회는 병영 상림마을 출신 박영회 씨가 대표로 있던 곳이다. 전국의 기물상회에 물건을 납품하는 규모 있는 회사였다.

이곳의 종업원이 모두 30명이었는데, 28명 정도가 병영 출신일 정도로 병영 사람 일색이었다. 박영회 사장이 고향 사람들을 하나둘 채용하기 시작했고, 다시 주변으로 연줄이 이어지면서 종업원들이 모두 병영 사람들로 채워졌던 것이다.

김 사장은 이곳에서 10여 년 동안 기물이 부산이나 인천 공장에서 들어오는 과정과, 각 도·소매점으로 유통되는 과정을 자연스럽게 배울 수 있었다. 물건을 납품하느라 전국의 기물상회를 돌아다니며, 장사를 잘하는 기물상회의 기법도 파악할 수 있었다. 협신상회에서 장사 기술을 배우고 월급을 저축해 돈을 모은 김 사장은 35년 전, '광성상회'라는 기물점을 장흥에 차렸다. 당시 협신상회에서 점원으로 근무하던 병영 출신 사람들이 대부분 이 같은 방법으로 전국 각지에 기물점을 열었다.

장흥은 병영과 지척이었으나, 외지에서 온 상인을 반가워할 리 없었다. 지금의 오일시장 자리에 장흥 사람들이 운영하던 기물상회가 10여 개 넘게 즐비하게 포진하고 있었다. 김 사장은 일부러 기물상회에 집중해 있던 곳에 점포를 차려 시장에 뛰어들었다.

> 기물은 얼굴장사라서, 장흥 사람들은 장흥 사람 물건만 사주죠. 그렇다고 목포에서 생활하다 왔으니, 병영 사람을 많이 안 것도 아니었고……. 참 고생 많이 했습니다. 피나는 고생이란 표현이 딱 맞을 거요.

김 사장은 2~3년 동안 폐업 직전까지 가는 위기를 수도 없이 겪었다. 김 사장을 지켜준 것은 목포에서 배운 병영 사람들의 상업 정신이었다. 절대 포기하지 않는 정신. 그리고 새로 점포를 연 다른 이들도 비슷하게 고생한다는 점을 생각했다. 무엇보다 열심히 하면 성공한다는 상업에 대한 확신이, 어려운 시기를 버틸 수 있게 한 원동력이었다.

> 전국에 쫙 깔려 있는 병영상인들을 통해 기물의 유통망을 꾀고 있었기 때문에, 물건을 조금이라도 싸게 들여올 수 있었습니다. 싸게 들여온 물건은 손님들에게 그만큼 싸게 줄 수도 있고, 제값을 받으면 그만큼 이문이 많이 남았죠.

김 사장은 타향에서 상업을 하려면 6~7년은 버텨야 한다고 했다. 대부분의 사람들이 이 기간을 이겨내지 못하고 포기하는 경우가 많지만, 병영 사람들은 그렇지 않기 때문에 전국의 시장 상권을 장악할 수 있었다는 것이다.

장흥시장에는 김 사장과 같이 점포를 가지고 장사를 하고 있는 상인이 10명 정도 된다. 10여 년 전까지 병영상인들끼리 모임도 하면서 지냈지만, 회원들이 하나둘 장흥을 떠나면서 모임이 해체되다시피 했다.

병영 출신의 부친으로부터 수산물 상회를 이어받아 운영하고 있는 유복수 씨는, 병영 사람들은 타 지역에서 장사를 시작할 때는

강진군 병영면과 가까운 곳에 있는 장흥군 장흥읍 오일시장은
병영상인들이 가장 활발히 활동한 시장 중 하나였다.

병영 사람들이 먼저 하고 있는 업종은 절대 피한다고 했다. 병영상인들끼리 어떤 규정이 있는 것은 아니지만 병영상인들의 자연스러운 전통이라는 것이다. 이 때문에 병영상인들이 모임을 하면 중복된 업종을 하는 사람들이 하나도 없었다고 한다.

> 병영상인들끼리 서로를 존중해주고, 조금 고생스럽더라도 새로운 분야에 진출하는 억척스러움이 분명히 있습니다. 성실성과 인내심이 다른 지역보다 뛰어납니다. 그렇기 때문에 병영에서 나올 땐 맨몸이지만 결국 성공을 하게 되는 것 같습니다.

장흥은 병영 출신 상인들만 진출한 것은 아니었다. 인근 옴천이나 작천 주민들도 장흥읍의 상권에 속속 진출했다. 새마을금고 이사장을 23년간 지냈던 김대성 회장은, 옴천 출신이면서 장흥 5일장에서 대창상회란 양품잡화점을 열일곱 살 때부터 운영해 성공을 거두었다. 작천 출신의 김충구 씨도 신아상회라는 피복점을 크게 한 사람으로 회자된다. 병영 인근 지역 주민들도 장흥읍 일대에 점포를 많이 열었던 것이다.

> 70년대 초에는 강진향우회를 하면 200명이 넘게 모였습니다. 장흥에서 가장 떠들썩한 잔치가 열렸지요. 상인들이 많았기 때문에 강진 사람이 아니면 장흥 상권이 무너진다는 말이 통용되던 시절입니다.

김대성 회장은 이렇게 얘기했다. 병영상인을 중심으로 강진 사람들이 장흥의 상권을 장악했다는 것은 상당한 의미를 갖는다. 장흥장은 전라남도에서 몇 손가락 안에 들 정도로 큰 시장이었기 때문이다. 일본평론사란 출판사가 1941년 펴낸 《조선의 시장》이란 책에 따르면, 장흥읍장의 거래량이 연간 31만 2500원이라고 기록돼 있다. 이는 전남 지역에서 보성읍장(63만 6000원), 순천읍장(58만 9000원), 보성 벌교읍장(49만 1000원), 담양장(43만 3000원)에 이어 5위권에 해당되는 규모다. 강진읍장은 연간 17만 4800원어치가 거래되었다고 한다.

병영상인들은 상대적으로 왜소했던 강진의 상업 규모를 극복하고자 외지에 적극 진출했다. 그리고 갖은 고생 끝에 현지 상권을 장악해갔다. 병영상인들에게 장흥 상권은 가장 가까운 곳에 있는 문전옥답이었을 것이다.

병영상인들은 장흥읍내만 진출한 게 아니었다. 오래전부터 대덕장과 관산장, 용산장 등을 섭렵했고, 현지에서 자리를 잡은 상인들도 있었다.

관산읍내 사람 통행이 가장 많은 곳에서 소망약국을 운영하는 이종홍 씨는 병영상인 2세다. 비단 장사를 했던 부친 이덕윤(작고) 씨가 삼형제를 데리고 관산에 정착해 점포를 열었고, 자신은 이곳에서 태어났다. 부친이 병영에서 관산으로 이주해온 게 100년이 넘었다. 부친과 부친의 형제들은 관산에서 점포를 운영하며 장날이면 대덕장과 용산장, 장흥읍장 등을 보러 다녔다.

"예전에는 관산 인구가 2만 명이 넘을 때라 이곳에도 큰 상권이 형성됐었습니다. 관산에 정착한 병영상인 1세들은 모두 고인들이 되셨고, 이제 2세들 몇몇이 상업을 하고 있는 상황입니다" 하고 이 씨는 말했다.

장흥은 인근 보성 회촌면에서 삼베가 많이 생산됐기 때문에 여기서 물건을 받아서 장사를 하는 병영상인이 많았다. 회촌면은 원래 장흥 땅이었으나 1900년도 초반에 행정구역 개편으로 보성 땅이 됐다. 삼베의 주산지는 원래 장흥이었던 셈이다. 장흥읍내 5일 장에도 삼베골목이라는 유명한 삼베 시장이 형성됐고 관산장이나 대덕장도 가장 큰 특산물은 삼베였다. 이종홍 씨의 부친 역시 인근에서 생산된 삼베가 가장 큰 취급 품목이었다.

관산뿐 아니라 대덕이나 용산, 회진 등에도 병영상인들이 많이 정착했던 곳입니다. 지금은 2세들이 완전히 장흥 사람이 되어 열심히 살아가고 있지요.

김대선 회장은 이렇게 말했다. 현재 관산읍에는 5~6명 정도의 병영상인 2세들이 작은 점포를 운영하며 상업의 명맥을 유지해오고 있다.

바다 건너 제주 땅이
멀지 않았네

제주특별자치도 제주시 이도1동에 있는 동문시장. 제주에서 가장 오래되고 규모가 큰 재래시장이면서, 육지와 가장 가까운 곳에 위치한 시장이다. 이곳에서 제주항은 지척이고 1960년대 후반까지 시장 바로 앞에 바닷물이 들어왔다.

이곳에서 '코끼리닭집'이라는 생닭 도매점을 하고 있는 신충심 씨는 옥천 오곡마을 출신이다. 원래는 스물한 살 때 충남 대전으로 시집을 갔으나, 5년 후인 1972년에 남편과 함께 제주도로 들어와 이곳 동문시장에 자리를 잡았다.

처음에 동문시장에 오니 전라도 시장인지 제주도 시장인지 구별이 안 될 정도로, 전라도 사람들이 많았어요. 대부분 강진이나 해남, 목포, 진도 사람들이었지요.

그들은 대부분 육지에서 제주도로 이주해온 사람들이었다. 1960~70년대 육지의 가난을 피해 제주도에 처음 도착한 사람들이 항구와 가까운 이곳 동문시장에서 첫 제주 생활을 시작했던 것이다.

그런데 그들 틈에 육지에서 이곳 제주 동문시장까지 물건을 팔러 온 사람들이 있었다. 그들은 목포~진도 벽파진~추자도~제주항을 운행하는 배를 타고 이곳 제주까지 물건을 팔러 온 상인들이었다. 그중에 병영상인이 있었다.

고향 사람들이 자주 오곤 했는데 육지에서 쌀이나 보리, 비단 등을 가져와서 제주에서 나오는 물건을 사가곤 했어요. 대표적인 게 흑돼지였죠. 때로는 제주 말을 구입해가는 상인들도 있었습니다.

병영면 중고마을 송용백 이장은, 그의 어머니가 1950년대 후반 비단을 가지고 제주에 들어가 판매한 뒤, 그곳에서 흑돼지를 사다가 강진의 시장에 되팔았던 모습을 기억하고 있다. 그의 어머니는 아마도 목포나 진도 벽파진에서 배를 타고 이곳 동문시장까지 왔을 것이다.

이곳 동문시장에 자리를 튼 병영상인도 있었다. 병영 성남리 출신 이복선 씨는 1960년대 후반부터 동문시장에서 식육점을 시작해

제주특별자치도 제주시 건입동과 일도1동을 흐르는 산지천은
과거 제주도를 육지로 연결하는 거대한 출입구였다.
이곳에서 육지로 향하는 뱃길이 가장 짧다.

몇 년 전까지 영업을 계속했다. 지금은 상업 활동을 하지 않고 있지만 동문시장의 오랜 식육점 터줏대감으로 통하며 지금도 회자되고 있다.

또 동문시장에서 병영 상고마을 출신 장씨라는 사람이 오랫동안 옹기 장사를 하다 몇 년 전 그만둔 사연도 있었다. 상인들의 뒷모습은 그렇게 조용하면서도 쓸쓸한 것이었다. 장씨는 칠량 봉황에서 돛배를 타고 건너온 옹기를 받아 이곳 동문시장 한편에서 팔았다고 한다.

동문시장에서 그리 멀지 않은 삼도2동 석촌식당에서 갈치, 고등어 조림을 만들어 파는 한림마을 출신 송영용 씨는 비교적 부유하게 제주 생활을 시작했던 병영상인이다. 송 사장은 친척이 운영하는 정미소에서 제주 생활을 시작했다. 그러면서 강진 사람들이 제주에 와서 고생하는 모습을 생생히 보았다. 제주에 들어온 강진 사람들 중에 병영 사람들이 압도적으로 많은 것은 아니었지만, 병영 사람들은 자연스럽게 장사를 할 줄 알았다고 했다.

병영 사람들은 장사를 포기할 줄 몰라요. 장사를 하면 당연히 성공할 것이라는 확신 같은 게 있습니다. 처음 제주에 들어온 사람들은 누구 할 것 없이 고생을 했지만, 병영 출신 역시 갖은 고생 끝에 장사를 일으키곤 했지요. 큰 장사는 아니었지만 말입니다.

송 사장은 병영상인들의 특징에 대해 이렇게 말했다. 비록 작은 규모일지언정, 전국 어느 지역에서나 상업을 통해 삶의 기반을 쌓았다는 것, 어디서나 접할 수 있는 병영상인에 대한 이야기다.

송 사장은 제주의 나이든 사람들로부터 들은 얘기라며, 병영성을 쌓는 작업에 제주도 사람들도 많이 동원됐을 것이라고 했다.

> 제주에는 원래 돌이 많기 때문에 제주 사람들은 돌을 잘 다뤘다고 해요. 그래서 돌성을 쌓는 데 차출되어 육지로 많이 나갔다고 합니다. 제주에서 나이 드신 어르신들은 그것을 당연한 일로 여기고 있지요.

아직까지 역사적인 기록을 발견하지 못했지만, 제주 사람들이 병영성을 쌓는 울력에 참가했다는 것은 충분이 개연성 있는 얘기다. 제주는 당시 전라도 소속이었고 병영성이 관할하는 전라도 지역 53개 현 중 하나가 아니었던가.

전라병영성에서는 1512년(중종 7년)부터 제주 방어를 위해 군인을 파견했다. 이들을 호남원병이라 했으며, 인원은 500명이고, 숙소는 제주 시내에 있는 관덕정 동쪽이었다. 원병제도는 임진왜란 이후 전라도 자체 방어 병력의 부족으로 교체가 지연되는 등 단계적으로 축소되다가, 1620년(광해군 12년)에 완전히 폐지된 것으로 전해온다.

"100여 년 동안 정기적으로 이뤄졌던 호남원병 파견은, 군사 교류는 물론 강진과 제주의 상업 교류 또한 촉진시켰을 것으로 보입니다"라고 제주향토사학자 오문복 선생은 말했다. 강진~제주 사이를 오가는 배를 통해 군수물자뿐 아니라 기타 현지의 물품들이 왕래했을 것이라는 이야기다.

또 원병행차가 아니더라도 제주 병영기지에서 필요한 물자를 병영상인들이 공급했을 것이라는 추측 또한 얼마든지 가능하다. 건입포는 지금의 동문시장과 200m 정도 떨어진 곳에 있다. 건입포가 육지에서 배가 당도하는 곳이라면, 동문시장은 이곳 도착한 육지의 각종 산물이 거래되던 곳이었다. 객주란 중간상을 하는 일종의 도매상을 이야기한다. 병영상인들은 이들을 대상이라고 표현하고 있다. 만덕은 제주의 양반층 부녀자에게 육지의 옷감이나 장신구 등을 팔고, 제주 특산물인 녹용과 귤 등을 육지에 팔아 많은 시세 차익을 남길 수 있었다고 한다.

호남원병의 교류에서 보듯이, 병영상인들의 제주 진출은 자연스러운 일이었다. 또 제주의 주된 거래처는 김만덕처럼 건입포 일대에서 객주를 차리고 있는 중간상인들이었을 것이다.

이것은 마치 1950년대 병영상인들이 생활용품을 가지고 건너가 건입포 인근 동문시장에서 팔고, 다시 그 돈을 가지고 흑돼지를 구입하는 것과 마찬가지였을 것이다. 생활용품과 흑돼지를 맞교환하는 물물교환도 일반적인 일이었을 것이다.

김만덕은 육지와 섬을 잇는 생필품을 매매하면서 거액을 벌어들였다. 만덕의 객주가 있던 건입포는 육지 상인들이 제주 토산물을 쉽게 배에 선적할 수 있는 곳이었다. 그렇다면 조선시대 부자들이 소비하는 장신구나 화장품, 비단 등을 가장 원활하게 공급할 수 있는 육지는 어디였을까.

당시 시대 상황을 살펴보건대, 아무리 찾아봐도 강진의 병영만한 곳이 없다. 목포는 1897년 개항 후부터 본격적으로 개발된 곳이고, 남쪽 지방에서 조선시대 양대 병영으로 평가받던 경상남도 통영은 제주에서 먼 곳이다. 제주도에서 가장 가까우면서도 상업망이 전국에 뻗어 있었던 강진의 병영이야말로 김만덕이 필요로 한 물건을 제때 공급할 수 있는 대표적인 상업 기지였을 것이다.

> 당시 제주의 대표적인 대 육지 판매물이었던 양태가 육지로 반출될 때는, 주로 강진과 해남 등지를 거쳤습니다. 이 때문에 두 지역이 양태의 집산지가 되었던 것이죠. 이곳에서 중간 상인에 의해 서울의 양태전으로 전매된 기록 또한 있습니다.

제주대 박찬식 연구교수는 이렇게 말했다. 병영의 상권은 이렇듯, 육지는 물론 바다 건너 제주도를 아우른 것이었다.

전남의 기물시장
평정

목포시의 가장 번화가인 중앙로 근처에 있는 목포시 남교동 구 중앙시장 자리. 1990년대 초반까지만 해도 목포에서 제일 큰 재래시장이었다. 이제 이곳은 건물이 완전히 철거되고 주상복합건물이 들어설 준비를 하고 있다.

공터 한편으로 나 있는 쪽문으로 나가보았다. 목포 사람들이 중앙시장 뒷골목이라고 부르는 곳으로, 중앙시장보다 오히려 상권이 발달한 곳이다. 골목을 끼고 즐비한 건물 속에 '병영떡집'이라는 간판이 눈에 확 들어온다. 중앙시장에 한때 20여 명이 넘은 병영상인들이 있었으나 지금은 세상을 떴다는 말을 들었기 때문이다. 급히 건물로 들어가 사장을 만났다. 그는 박영식이란 이름을 가지고 있었고 영암군 신북면이 고향이었다. 박 사장은 4년 전에 이 떡집을 인수했다. 그때 간판의 이름이 병영떡집이었다고 한다.

대개 주인이 바뀌면 먼저 간판부터 바꾸는 관례를 깨고, 그는 병영떡집이라는 이름을 그대로 유지하고 있다. 단골손님들이 적지 않았기 때문이란다. 박 사장은 이렇게 말했다.

병영 사람이 운영하다가 아마도 두 번 정도 주인이 바뀌어 제가 인수했을 겁니다. 전 주인들이 병영떡집이란 이름을 그대로 유지한 것도, 아마 단골손님들 때문이었을 거예요.

나중에 알고 보니, 병영떡집은 병영 상림마을 출신의 이한요 씨가 운영했던 곳. 이씨가 작고한 후 그의 처남이 떡집을 운영하다가 박 사장에게 운영권을 넘겼던 것이다.

박 사장은 병영 사람들을 잘 알고 있었다. 그에게 병영상인들이 장사를 어떻게 하더냐고 대뜸 물었다.

의지들이 대단했어요. 뭐랄까, 프로 냄새가 난다고 할까요. 우리 같은 사람이 그냥 아마추어라면, 병영상인들은 장사 아니면 안 된다는 프로 근성을 가지고 있는 게 보통 사람들과 달랐어요.

박 사장은 또 병영상인들이 옆을 보지 않는다고 했다. 보통 상업하는 사람들이 돈을 벌면 다른 일도 해보려고 시도하는데, 병영상인은 평생 장사만 생각하더라는 것이다. 박 사장은 병영 사람이 지금도 장사를 하고 있다며, 점포 세 개를 사이에 두고 있는 삼덕상회를 소개해주었다. 노인 한 분이 두꺼운 점퍼를 입고 벽에 비스듬히 기댄 채 손님을 기다리고 있었다. 안쪽에는 식료잡화들이 먼지와 함께 쌓여 있었다.

삼덕상회의 사장은 박덕영 씨였다. 태어난 곳은 이곳 중앙시장이다. 20년 전 작고한 부친은 병영 상림마을 출신이었다. 그러니까 박 사장은 병영상인의 2세인 셈이다. 흔히들 2세라고 하면 아주 젊은 사람을 연상하기 쉽지만, 박 사장은 예순넷으로 이제 은퇴를 앞두고 있는 나이다. 병영상인의 뿌리가 그만큼 깊다는 것을 보여주는 대목이다.

목포에서 태어난 박 사장의 나이를 고려하면 그의 부친은 박 사장이 태어나기 훨씬 이전에 목포로 이주했을 것이다. 시대적으로 따져보면 해방을 전후한 시기다. 중앙시장 일대가 지금은 초라하게 변했지만 이곳은 한때 목포의 가장 중심적인 자리였다. 신안군청 건물이 100m 내에 있고 목포의 중앙로 역시 걸어서 2~3분 거리다. 또 목포역 역시 도보로 5분이 안 걸리는 중심지 중의 중심지가 바로 이 중앙시장이었다.

이곳이 한때는 서울 명동보다 땅값이 비싸다고 한 곳이에요. 지금은 똥값이 됐지만 이곳에 점포를 가지고 있는 병영 사람들의 자부심이 대단했습니다. 병영 사람들은 전라도의 개성상인이라는 말이 자연스레 통했습니다.

박 사장은 이렇게 회고했다. 1980년대 후반까지 이곳 중앙시장 뒷골목엔 병영 사람들이 가게를 하는 곳이 여섯 곳이나 됐다. 그것도 모두 병영 상림마을 출신이었다. 해방 직후 상림마을 출신 주민이 목포로 이주해와 중앙시장 주변에서 장사를 시작한 후 마을 주민들이 하나둘 이곳에 찾아들게 된 것이다.

그들은 고향에서 돈을 가지고 나와 번듯한 점포를 구입한 게 아니었다. 그들은 모두 중앙시장 주변에서 노점상을 시작했다. 라이터돌부터 석유 기름, 아이스크림, 고무신 장사를 하며 밑바닥 생활을 했다. 협신기물에서 일했던 병영 박동마을 출신 박상근 씨는 "중앙시장 주변에 모여든 사람들은 모두 고향에서 몸만 가지고 나온 사람들이었지요"라고 말했다. 그러면서 이곳 중앙시장에서 자리 잡기까지 땀과 의지로 어려움을 극복해왔다고 덧붙였다.

라이터돌이나 석유기름, 아이스크림 등은 병영상인들이 처음 장사를 시작할 때 일반적으로 취급했던 품목이다. 병영상인들은 이런 것들로 밑천을 마련해 형편이 나아지면 비단이나 무명 장사를 했다. 해방 후 목포에 갔던 상림마을 사람들은 병영 지역에서 내려오는 전통을 통해 밑바닥에서 돈을 모으는 방법을 이미 알고 있었다. 또 그렇게 하면 성공할 수 있다는 확신이 있었기 때문에 갖은 어려움을 극복할 수 있었다.

중앙시장에서 상업을 가장 크게 했던 병영상인은 박영회(작고) 씨다. 박씨 역시 상림마을 출신으로, 해방 직후 목포로 이주해서 처음에는 노점상을 시작했다. 그 후 박씨는 협신기물이라는 그릇용품점을 운영하며 큰돈을 벌었다. 1970년대 후반까지 전남 지역의 기물이 대부분 협신기물을 통해 공급될 정도로 사업 규모가 컸다.

박씨는 1960년대 중반 고향에 있던 사촌동생 박상근 씨를 불러들여 전무 직을 시켰다. 협신기물 내에 종업원만 20여 명에 달했는데, 모두 병영 출신 종업원들이었다. 여기서 근무하던 병영 출신 종업원들은 전국의 시장으로 흩어져 기물상회를 차렸다.

박상근 씨는 협신기물이 한창 주가를 올릴 때의 모습이 눈에 선하다. 기물은 대부분 경상북도 대구에서 철도화물을 통해 운송돼 목포역으로 들어왔다. 화차가 들어오면 그중의 하나는 협신기물 전용이었다. 그 정도로 취급하는 물량이 많았다.

기차가 도착하면 우마차 20여 대가 목포역에 대기했다. 기물을 상점으로 옮기기 위해서였다. 기물을 가득 실은 우마차가 중앙시장 골목을 지나 협신기물로 가는 모습은 장관이었다. 이런 모습이 매일같이 반복됐다. 화차에서 매일같이 기물을 쏟아내고, 이것들이 가지런히 우마차에 실려 협신기물로 옮겨왔지만 다음 날 아침이면 창고가 텅텅 비었다. 물건이 바로바로 소매상으로 공급됐기 때문이다. 텅 빈 창고는 오후에 물건이 들어오면 다시 꽉 찼다.

박영회 사장은 목포에서 현금을 가장 많이 가지고 있는 사람으로 통했다. 삼학소주와 같은 당시 목포에서 잘나가던 회사들이 협신기물에 와서 현금을 융통해갈 정도였다. 박 사장은 고향 상림마을에 기부도 많이 했다. 1971년에는 고향마을에 인효효도회상림분회란 모임을 만들어 논 5두락을 구입해주기도 했다. 고향 마을에서는 논의 수익금으로 효자와 장학생, 노인들을 지원하고 있다.

　마을 앞에 세운 신사임당 동상도 박영회 사장의 기부로 들어선 것이다. 마을 주민들은 1985년 마을 입구에 박 사장의 공적비를 세워, 그의 이름을 후손들에게 전하고 있다. 협신기물은 1990년까지 영업을 하다 다른 사람에게 팔렸다. 박영회 사장의 장남 박만정 씨는 목포시 중심가에서 에스콰이어 대리점을 운영하고 있다.

한때 병영상인 천지였던
목포

목포는 1897년 10월 1일 개항하면서, 본격적인 상업 도시로서의
면모를 갖추기 시작했다. 각종 토목공사가 벌어졌고, 외부에서 물
자가 급속히 유입되면서 시장이 활성화됐다. 광주시가 같은 시기에
강진의 행정단위 정도인 '현'을 유지했던 것과 비교할 때, 목포의
규모는 매우 컸다. 목포의 당시 행정단위는 '부'였다.

자연스럽게 목포를 중심으로 전남 지역의 근대 상업 문화가 형
성되기 시작했다. 조선 후기와 근대 들어 출현한 물건, 다시 말해
화학섬유라든가 플라스틱 제품, 담배, 라이터 등 기타 생필품이 대
부분 목포를 통해 각 지역에 공급됐다.

병영에 거주하는 주민들에 따르면 해방을 전후해 1960년대 말까
지 병영에 5~6개 정도의 대상(도매상)이 운영되었다고 한다. 이들이

목포에서 물건을 가져와 병영상인에게 공급했다. 병영상인은 이 물건을 등에 짊어지고 각 시장을 돌며 소비자들에게 판매해 이익을 남겼다.

조선 후기 이후, 목포는 전남 서남부 지역 주민들의 생활 중심지로 떠올랐다. 강진 주민들이 물건을 가장 원활하게 공급받는 지역이 바로 목포였고, 학생들이 유학을 가는 곳도 광주보다는 목포가 더 인기였다. 1950년대까지 강진과 목포를 오가던 교통수단은 석탄을 때서 움직이는 낡은 트럭이었다. 군용트럭이 장흥~병영~작천~성전~영암 독천~삼호~용당 코스, 그리고 강진~성전~독천~삼호~용당 코스를 하루 2~3회 왕복 운행했다.

당시 도로 사정은 극히 열악했기 때문에 짐칸에 몸을 싣고 용당에 도착하면 온몸에 먼지가 수북이 쌓이곤 했다. 영암군 삼호읍 용당마을은 강진이나 해남, 영암 사람들이 목포로 가기 위해 반드시 통과해야 하는 곳이었다. 용당은 강진, 해남, 영암 사람들은 물론 보성, 순천, 여수 사람들 등 서남해안 사람들이 거쳐 가는 필수 코스였다.

목포에 가는 사람들은 이곳에서 철선을 타고 건너편 목포로 건너갔다. 용당은 1981년 지금의 영산강 하구언이 막아져 도로가 생기면서 역사 속의 항구가 됐다. 이후 2007년 12월 해군 부대가 들어서면서 마을 자체가 완전히 철거됐다.

병영상인들이 목포의 변화를 그냥 바라볼 리는 없었다. 병영 사람들이 목포에서 성공한 이야기가 병영 지역에서 많이 전해 내려온다. 지금은 작고한 분들이지만 한림마을 출신 오광문 씨는 목포에서 포목상을 크게 했고, 삼인마을 서매구 씨 역시 포목으로 이름을 크게 날렸다. 목포 죽교동에서 광목공장도 운영했다. 또한 방채묵 씨와 방성묵 씨는 목포에서 비단과 주단 장사로 유명했고, 김성윤 씨는 염료를 많이 취급했다. 이분들의 직계 후배 세대로 꼽을 수 있는 분이 바로 협신기물 박영회 사장이었다.

당시 목포에서는 남교동시장뿐 아니라 청호시장, 목포역 옆 도깨비시장, 2호 광장 주변 동부시장, 선창 주변 항동시장 등에는 예외 없이 병영 출신 상인들이 자리를 잡고 상점을 하고 있었다. 병영 상인 2세인 박덕영 씨는 "한때 목포 재래시장이 병영 사람들 천지였다는 말이 있을 정도로, 병영상인들이 많았지요"라고 말했다.

다시 협신기물의 역사 쪽으로 되돌아가보자. 박영회 씨가 운영하던 협신기물에서 1966년부터 전무로 근무하던 박상근 사장은, 1976년 목포시 수강동에 병영상회라는 기물상회를 차려 독립했다. 사촌형님이었던 박영회 씨로부터 기물 상업을 배워 소매점을 차린 것이다. 지금의 목포여객선터미널에서 가까운 곳이다.

처음 독립을 했을 때 많은 돈이 있었던 것은 아니었다. 자식들을 가르치기 위해 독립을 했으나, 막상 새로 사업을 시작한다는 게 보통 어려운 일이 아니었다. 점포를 세내어 이사를 한 게 여러 차례였

목포시 석현동에 자리 잡은 청호시장은
목포에서 병영상인들이 가장 많이 활동한 재래시장이다.

다. 그러나 오랫동안 장사 기술을 배웠던 박상근 사장은 급속도로 시장을 장악해나갔다. 독립한 지 2년 만에 도매상으로 돌아섰다. 그리고 개업 4년 만에 강진과 완도, 해남, 장흥 등 전남 서부 지역 그리고 제주도 시장까지 확장해갔다. 1977년도부터는 열아홉 살이던 아들 박정훈 씨도 합류해 일을 거들었다. 1980년도부터는 목포시 중앙동으로 자리를 옮겨 수인기물이라는 상호로 상점을 확장 이전했다. 지금도 수인기물을 직접 운영하고 있는 박상근 사장은 이렇게 얘기한다.

> 자식들을 가르쳐야 한다는 일념으로 죽기 아니면 살기 식으로 일했습니다. 병영 출신 상인들이 가진 것은 없지만 모두 끈기와 근면성으로 일어났지요.

이처럼 한 곳에서 장사를 배워 그 계통으로 독립을 해 사업을 시작하는 것은 병영상인들의 오랜 전통이다. 난생처음 해보는 장사가 아니라 오랜 세월을 거쳐 물건 취급하는 방법과 사람 관리 방법을 터득한 다음에 시작하는 사업인 만큼, 실패할 확률이 낮았던 것이다.

박상근 사장의 아들 박정훈 씨는 부친과 함께 기물상회를 운영하다가 2005년 목포의 최고 번화가로 알려진 막호, 동명, 삼학, 목원동 선거구에서 시의원에 당선됐다. 박 시의원은 선거 때 부친의 후광을 많이 받았다고 했다. 부친이 목포에서 40여 년 동안 장사를 하면서 신용을 지키지 않은 적이 없고, 누구에게 실수한 법이 없었기 때문에 부친을 보면서 표를 찍어주는 유권자가 적지 않았다는 것이다.

박 시의원은 병영상인들의 특징에 대해 근면하고 검소하다고 했다. 또 평생 사치를 하지 않고 평범하게 사는 것도 병영상인들의 모습이라고 했다. 또 잔돈은 쓰지 않지만, 봉사활동에 필요한 큰돈은 아낌없이 쓰는 대범함이 있고, 누구보다 부지런하다고 말했다.

그러나 다른 지역과 마찬가지로 이제 목포의 재래시장 상권은 많이 쇠퇴했다. 병영상인들의 자취도 조금씩 희미해져가고, 2세들은 현지 토착주민이 되어 살고 있다.

광주 충장로에서
병영상인 만개하다

병영상인을 취재하면서 고향이 작천이나 옴천인 분들을 종종 만났다. 제주에 갔을 때도 옴천과 작천이 고향인 상인을 만났고 목포에서도 그랬다. 광주에서도 마찬가지였다. 아마도 병영의 상업 역사가 주변 지역 사람들에게 많은 영향을 미쳤기 때문일 터. 그들은 지리적으로 가까운 탓에 서로 옹기종기 살면서 장사의 이윤창출 과정을 보고 들었을 것이다. 그러한 문화가 주변 지역에 자연스럽게 확산되면서 작천상인, 옴천상인이 탄생했을 것이다. 가까이로는 옴천과 작천에서부터 조금 떨어져 있는 성전면까지, 상업의 역사는 광범위하게 뿌리내리고 있었다.

예전에는 작천이나 옴천 출신 상인들도 그냥 병영 사람이라고 말하는 경우가 많았다. 그만큼 병영이 상업으로 유명했기 때문이다. 그런데 병영과 작천은 지리적 근접성에도 불구하고 역사적으로 큰 차이점을 가지고 있다.

작천은 큰 전통 사찰이 없는 곳이다. 대신 유생을 모신 사당이 많다. 조선시대부터 학문을 하는 유학파들이 많았다는 증거다. 작천에는 아주 오래전부터 넓은 들판도 있어왔다. 이에 비해 병영은 지리적으로 척박한 곳이다. 면적이 26.99km²로 옴천(29.68km²)보다도 작다. 주민들이 경작할 수 있는 농지도 적다. 하지만 이곳은 병영성이 설치된 조선시대 1417년 이후 600여 년 동안 수많은 사람들이 모여들던 곳이었다.

사람들은 자연스럽게 외부에서 먹고살 일을 찾아야 했다. 그들은 장사를 선택했다. 상업은 그들이 오랫동안 보고 익혀온 분야였다. 그러나 그 길은 참으로 힘든 행로였고, 근검 정신과 도전의식으로 뭉쳐 있지 않으면 십중팔구 실패만 있는 길이었다.

광주광역시 동구 충장로5가 사거리에서 삼일상사라는 가죽 제품 도·소매점을 운영하고 있는 김성수 사장은 작천 출신이면서 병영 상인으로부터 상업을 배운 사람이다. 김 사장의 고향은 작천 토마 마을이다. 초등학교를 졸업하고 열세 살 때부터 목포에서 신흥상회라는 잡화 도매상을 하던 고모집에서 장사를 배우기 시작했다. 고모부의 이름은 이덕인 씨, 고모는 김순금 씨였는데 고향이 병영면 백양리였다. 김 사장은 지금도 처음 목포에 가던 때를 기억한다. 전쟁이 끝난 직후인 1955년 찬바람이 많이 불던 겨울이었는데, 장흥에서 출발해 병영~작천~성전을 거쳐 목포를 운행하던 차량은 군용트럭을 개조한 트럭이었다. 짐칸에는 사고 우려 때문에 바람막이도 없었다.

소년 김성수는 주로 상인이었던 승객들 틈에 끼어 바람을 피하며 2시간 정도를 달렸다. 도착한 곳은 목포시 용당이었다. 이곳에서 삼학호라는 배를 탔다. 당시 용당과 목포 사이에는 삼학1호, 삼학2호라는 목선이 두 척 운행하며 사람을 태워 건네주고 다시 이쪽으로 실어오는 역할을 하고 있었다. 용당과 목포 사이를 운행하던 배는 1958년 5·16 혁명이 일어난 후 철선으로 교체됐다.

예전에 취업이라는 게 모두 그랬듯 김 사장 역시 월급을 받고 생활한 게 아니었다. 그저 먹여주고 재워주면 그것으로 만족하던 시절이었다. 그러나 근무 시간은 빠듯했다. 보통 새벽 4시면 일이 시작돼 새벽 1시까지 작업이 이어지곤 했다. 공장에서 물건을 받아서 창고로 들여오고 이것들을 각 소매점에 배달하고 나면, 하루가 금방 지나갔다. "그때 장사라는 걸 알았지요. 고모님은 절약과 검소함이 몸에 밴 분이었는데 새끼를 30cm이상 버리면 큰일이 났습니다."

당시에는 물건을 묶을 때 새끼를 이용했는데 새끼 자투리조차 절대 버리지 못하게 했다는 것이다. 김 사장은 고모 집에서 10여 년 동안 일을 도우면서 덕인중학교를 다녔다. 야간중학교였는데 인근 지역에서 몰려든 고아들을 교육시키기 위해 한 독지가가 운영하던 학교였다.

김 사장은 스물네 살 때 독립했다. 남교동시장 주변에 동신상회라는 가게를 차리고 잡화를 취급했다. 이곳에서 6년 정도 가죽 계통의 장사를 하며 돈을 조금씩 모았다. 김 사장의 사업 확장 방식은 다른 병영상인들이 해온 방법과 크게 다르지 않았다. 어릴 때 큰 점포에 들어가 밑바닥부터 일을 배워서 경험를 쌓은 다음, 자신만의 상회를 여는 전형적인 세포분열 형태의 방식이다.

김 사장 역시 고모 집에서 10여 년 동안 갖은 고생을 하며 배운 장사 기술이 있었기에 실패할 가능성이 적었다. 근검절약 정신 또한 자연스럽게 몸에 배어 있었다. 김 사장은 1971년 광주 양동시장 주변 복개시장으로 올라와 혁대 도매상을 운영하기 시작했다. 복개시장에서 돈을 모은 김 사장은, 1984년도에 광주 상권의 중심지로 통했던 충장로5가에 삼일상사라는 도매점을 차렸다. 김 사장은 많을 때는 배달 트럭을 3대나 운행하며 광주와 전남·북 소매시장에 가죽, 벨트, 지갑 유의 잡화를 공급했다. 1955년 겨울 병영에서 트럭을 타고 몸만 가지고 목포로 간 지 29년 만의 일이었다.

김 사장은 "이제 나이도 들어, 큰돈 욕심 부리지 않고 소일거리로 장사를 하고 있지요"라고 말했다. 김 사장은 요즘 점포에서 노트북 컴퓨터를 펼쳐놓고 책 쓰는 재미에 푹 빠져 있다.

광주광역시 계림동 호남시장에서 호산나양행이라는 의류점포를 운영하고 있는 김홍삼 사장은 병영상인의 원류를 볼 수 있는 좋은 모델이다. 병영에서 오일시장을 보며 자본을 모아서 광주로 올라와 슈퍼마켓을 차린 다음, 그곳에서 다시 돈을 벌어서 의류점포 사장이 됐다.

김홍삼 사장의 고향은 병영 낙산마을이다. 스물두 살 때 김 사장은 무작정 서울로 올라갔다. 자리를 잡은 곳은 북아현동 시장 주변. 김 사장은 그곳에서 좌판 행상을 했다. 북아현동 시장 주변에는 김 사장 외에도 병영 사람들이 10여 명이나 올라와 행상을 하고 있었다. 3년 정도 서울 생활을 했으나 쉽게 자리가 잡히지 않았다. 스물다섯 살 때 다시 고향으로 돌아왔다.

김 사장은 주변 상인들의 대열에 합류해 잡화를 취급하며 오일시장을 돌아다녔다. 본격적인 행상이 시작됐다. 영암 독천장과 영암읍장, 성전장, 장흥장, 병영장이 고정된 코스였다. 다섯 개 시장을 돌면 5일이 소요됐고, 다음 날이면 새로운 장으로 향하는 식이었다. 김 사장이 고향에서 행상을 시작한 1960년대 후반만 해도 상인들의 이동수단이 많이 발전했을 때였다. 마침 트럭이 도입돼 상인들은 편하게 시장으로 움직일 수 있었다.

병영상인의 이동수단은 도보가 가장 초보적인 것이었다. 해방 전까지만 해도 대부분의 상인들이 걸어서 각 시장을 돌아다녔다. 남쪽 시장을 돌았던 병영상인들은 강진읍장을 보고 오후에 걸어 내려가 도암 계리리에서 숙식을 한 다음, 이튿날 도암장을 보고 바다를 건너 대구로 건너가곤 했다.

그 후 말을 이용한 수레가 나왔고 이어 자전거가 그 뒤를 이었다. 트럭은 60년대 후반 병영상인들에게 최대의 이동수단으로 자리를 잡았다. 김홍삼 사장은 8년 동안 고향에서 행상을 했다. 적잖은 돈이 모아졌다. 서른 살에 광주광역시 동구 계림동에 99㎡ 규모의 슈퍼마켓을 인수했다. 8년 동안 행상을 하며 고생해서 모은 돈이 큰 밑천이 됐다. 김 사장이 계림동에서 자리를 잡고 생활하자 고향에서 10여 명이 잇따라 올라와 주변에 터를 잡았다.

병영상인은 이렇게 뿌리를 넓혀왔다. 고향에서 행상을 해서 일정한 돈이 모이면, 대부분 고향을 떠나 다른 곳에 정착을 했다. 고향을 떠난 사람이 현지에서 자리를 잡으면 다시 다른 병영 사람들이 그 뒤를 따라가 터를 잡았다.

그들의 몸에 밴 절약 정신과 근면성은 병영상인의 가장 큰 자산 중의 하나다. 각종 도매상들이 밀집돼 있는 광주시 충장로5가에 가보면 이화상사라는 3층짜리 건물이 우뚝 자리 잡고 있다. 이곳에는 1층에 이화우리옷이란 대형 한복집이 있고, 2층과 3층에는 코오롱 한복지 전남대리점 사무실이 있다. 경남 진주시에는 이화상사에서 직영하는 직물공장까지 운영되고 있다.

이 건물의 주인이자 이화상사의 대표는 병영 한림마을 출신 오주식 사장이다. 오 사장은 열여섯 살에 병영 삼인마을 출신 대상 서매구 사장 밑으로 들어가 일을 배웠다. 6·25 전쟁이 끝난 지 얼마 되지 않았던 시기다. 서매구 사장은 이모부였는데 목포시 죽교동에서 경성방직과 동일방직, 방림방직 등의 양복지 총판을 크게 하고 있었다. 당시에는 주단이나 포목의 이윤이 컸다. 그래서 이 분야를 장악하고 있는 사람들이 큰 부자 소리를 들을 때였다.

서매구 사장은 병영에서 창호지를 비롯한 종이류 장사를 해서 돈을 모아 목포로 진출했다. 전형적인 병영상인이었다. 그는 남농 허건 화백과 친구 사이기도 했다. 남농은 아버지 미산과 함께 네 살(1912) 때 병영면 성동리 40번지로 이사를 와서, 열다섯 살에 지금의 병영초등학교인 세류보통학교에 입학, 4학년 때 목포로 이사를 갔다. 병영에서 15년 동안 살았던 셈이다. 남농은 병영 사람들과 상당한 친분을 유지해서 한참 이름을 날리던 1974년 5월에, 서매구 씨 집안의 제각 준공식에 참석하고 병영의 옛 집을 방문한 적도 있다 한다.

오주식 사장은 서매구 사장의 점포에 들어가서 처음에는 자전거를 타고 시내에 물건을 배달했다. 2~3년 동안 어린 오주식을 지켜본 서 사장은 주판을 건네주며 장부를 정리하는 일을 함께 시켰다. 그런 식으로 당시에는 어느 점포에 들어가면 처음에는 배달 일을 배우고 단계적으로 장부 정리하는 것을 익혀갔다.

목포는 주로 섬 지역을 상대로 장사를 많이 하기 때문에 비가 많이 내리거나 태풍이 불면 소매상들은 물론 도매상들도 그날은 한가했다. 그때마다 대상이었던 서매구 사장은 종업원들을 앉혀놓고 말했다. "늘 진실해야 한다. 늘 성실해야 한다."

오 사장은 서매구 사장으로부터 늘 진실하고 성실하라는 말을 귀가 닳도록 들으며 장사를 배웠다. 오 사장은 이곳에서 서른다섯이 될 때까지 일했다. 거의 20여 년 동안의 세월이다. 당시는 점원들에게 월급이라는 것을 많이 주던 시절이 아니었기 때문에 독립해 나올 때 오 사장은 거의 맨손이나 다름없었다. 독립해서 이화상사라는 한복옷감 전문점을 차렸다. 1980년의 일이다.

목포에서 신용을 잘 닦아놓은 터라 동서의 재산을 담보로 잡고 약간의 돈을 마련할 수 있었다. 장사는 잘됐다. 서매구 사장의 점포에서 20여 년 동안 상술을 배우며 쌓은 다양한 인맥과 충실한 상업 정신이 오 사장의 큰 자산이었다. 마침 경기가 호시절로 접어들어 한복의 수요가 증가하면서 이화상사도 날개를 단 듯 매출이 올라갔다.

오 사장은 10여 년 동안 목포에서 나름대로 기반을 잡았다. 오 사장이 목포에서 자리를 잡아갈 무렵인 1990년에 서울의 유명한 코오롱상사가 전남 지역 한복 대리점을 개설한다는 소식이 들려왔다. 코오롱 측은 대리점 개설 지역이 광주시여야 한다는 조건과 함께 5억 원이라는 당시로선 거금의 현금 담보를 요구했다. 현금의 규모대로 물건을 내려보내는 형태였다. 오 사장은 코오롱 측의 요구에 선뜻 응했다. 서매구 사장으로부터 독립한 후 목포에서 적잖은 현금을 모았고, 주변에 쌓아온 신용 덕분에 코오롱 측의 요구를 대부분 채워줄 수 있었다.

마흔일곱 되던 해 오 사장은 드디어 광주 충장로에 진출하면서, 코오롱상사 전남 지역 대리점을 운영하게 됐다. 가게의 이름은 여전히 이화상사였다. 장사는 순조로웠다. 몇 년 전에는 경남 진주시 상평동에 이화직물이라는 공장까지 인수했다. 지금은 물건을 공급하는 범위가 광주, 전남·북은 물론 서울, 부산, 일부 충청권 등 전국을 망라하고 있다.

오주식 사장의 이화상사 일은 아들 오창원 씨가 돕고 있다. 창원 씨에게 아버지가 어떻게 사업체를 운영하는지를 물었다.

> 저희 어머님이 올해 예순넷이신데요. 어쩌다 충장로에 나오셔서 급한 돈이 필요해 사무실에 들리실 때가 있을 것 아닙니까. 어머니가 만약에 경리로부터 돈을 가져가시면 아버지가 아무리 적은 액수라도 다음 달 정해진 생활비에서 빼고 드립니다. 저도 대학 졸업하고 13년째 아버님 밑에서 월급쟁이 생활을 하고 있지만, 정해진 월급에서 한 푼이라도 더 받은 적이 없습니다.

오주식 사장은 아주 작은 것도 절약하는 경영 기법을 유지하고 있었다. 대신 투자할 때는 거금을 과감히 풀 줄 알고, 특히 각종 기부단체나 종교기관에 헌금을 내는 것은 절대로 아까워하지 않는다고 창원 씨가 설명했다. 오 사장은 근검과 절약, 독립심 등 병영상인들이 일반적으로 가지고 있는 경영 기법을 독특하게 유지하고 있는 사람이었다.

이화상사 건물에서 한 블록 정도 가면 충장로5가 행정구역에 한성모사라는 큰 간판이 보인다. 이곳은 병영 남성리 출신 방무길 사장이 운영하는 모사(毛紗) 도매점. 방 사장은 군대를 제대하고 60년대 초반에 충장로에 정착해 오늘의 한성모사를 일궜다. 한성모사는 서울에서 물건을 받아와 광주, 전남·북 지역 소매점에 모사를 공급하고 있는 도매상이다. 1960년대 초반은 광주 충장로가 번화가로서 한참 주가를 올릴 때였다. 덕분에 방 사장은 가장 가까운 곳에서 충장로의 변화 과정을 지켜봤다.

> 70년대 중반 들어 충장로가 팽창하면서, 전라남북도 상인들이 전날 무더기로 올라와 새벽밥을 먹고 물건을 사갔지요. 아마도 그 당시 목포 상권도 상당 부분 광주나 서울로 이전하지 않았나 싶습니다.

강진에서도 많은 상인들이 물건을 사러 광주에 올라 다녔다. 1970년대 들어 호남여객과 금성여객 등 두 회사의 차량이 운행됐는데 주로 호남여객이 강진을 많이 다녔다. 지금은 한 시간 20분이면 오는 거리를 당시에는 3시간~3시간 30분 정도가 소요됐다.

방 사장은 고향 사랑도 대단해서 초창기 광주의 병영향우회를 창립하는 데 앞장섰다. 18년 전 방사장 등이 주도해 창립한 광주 병영면향우회에는 200여 명이 넘는 고향 사람들이 참여했다. 이 중에 상당수가 상업에 종사하는 사람들이었다. 방무길 사장은 이렇게 말했다.

> 우리 세대는 자수성가한 사람들이 많겠지만, 병영 사람들은 빈손으로 와서 무에서 유를 창조한 사람들이 대부분입니다. 특별한 기술 없이 출발한 사람들이었기 때문에 그만큼 고생을 많이 했지요.

이 밖에도 광주에는 병영 출신 상인들이 많다. 양동시장에서 그릇 장사부터 시작해 지금은 고려예식장을 운영하고 있는 김귀태 사장을 비롯해, 충장로에서 우유 대리점을 운영하고 있는 김용준 사장, 계란상회로 일가를 이룬 최이균 사장 등도 광주에서 이름을 날린 병영상인들이다.

제주댁
할머니의 삶

내 어머니의 지인 중에 제주댁이란 할머니가 계신다. 어머니와 무심코 제주댁 할머니 이야기를 하던 중에 "그분은 왜 제주댁이란 호칭을 얻게 되었습니까"라고 여쭈었다. 그런데 반가운 답변을 하셨다. 제주댁 할머니가 젊었을 때부터 제주에 장사를 하러 다녔으며 제주에서도 꽤 오래 살았다는 것이다.

병영상인을 취재하면서 그동안 제주와 육지를 오가며 장사한 분을 찾았으나 쉬운 일이 아니었다. 대부분 작고했고, 생존해 있더라도 연결될 가능성이 희박했다. 그런데 이렇게 가까운 곳에 그런 분이 계셨다니. 그것도 오래전부터 자주 인사드렸던 할머니가 바로 그분이라니 반가운 일이 아닐 수 없었다.

며칠 뒤 제주댁 할머니를 찾아가 이런저런 이야기를 들었다. 할머니는 많은 기억을 잃어버린 상태였다. 행상을 접은 지가 오래된 일이라 조각난 시간의 편린을 맞추는 데 어려움을 느끼고 있었다. 할머니의 이름은 김인심이었다. 오랫동안 그저 할머니로만 불렀던 분의 이름을 취재수첩에 적으니 낯설게 느껴졌다. 사시는 곳은 강진읍 남성리 군청 앞 주택. 고향은 마량 연동마을이라 병영출신은 아니다.

그러나 제주댁 할머니는 1950년대 후반부터 80년대 후반까지, 강진과 제주 사이에 일어났던 교역 상황을 가장 잘 알고 있는 분이었다. 제주댁 할머니는 20대 초반부터 목포에서 제주행 배를 타고 장사를 했다. 지금으로부터 약 50년 전의 일이다. 할머니의 남편은 세무서에 다니는 사람이었다. 어느 날 갑자기 제주도로 발령을 받아 제주도로 함께 이사를 갔다. 20대 초반 나이에 처음 제주행 배에 몸을 실은 것이다.

마량에서 목포까지 가려면 강진읍에서 트럭을 타고 영암 용당으로 가서 배를 타야 했다. 용당과 목포 사이엔 하루 서너 차례 왕복하는 배가 있었다. 제주에 도착해서 남편이 다른 여자 사이에 낳은 딸을 하나 떠맡아야 했다. 남편은 바람처럼 떠돌아다녔다. 할머니는 그 딸을 키우며 제주와 목포를 본격적으로 오가며 도매상을 하기 시작했다.

할머니는 강진에서 주로 고춧가루와 참깨 같은 양념류를 많이 가지고 다녔다. 쌀도 주요 거래 품목이었다. 또 완도에서 나오는 김도 제주 사람들이 좋아하는 육지 상품이었다. 반대로 제주에서 가지고 나올 때는 고사리가 주종을 이뤘다. 마라도에서 나오는 미역도 육지 사람들이 선호하는 품목이었고, 제주의 보리쌀도 품질이 깨끗하다고 해서 인기 상품이었다.

"마라도에서 나오는 미역은 깨끗하고 향기가 좋았어. 그래서 마라도 미역 하면 육지에서 꽤 알아줬지"라고 할머니는 말했다. 할머니의 등에는 항상 젖먹이 어린아이가 업혀 있었다. 남편이 남기고 간 딸아이였다. 자신에게 다가온 생명을 누구에게 떠맡길 순 없었다. 마량부터 강진, 용당, 목포, 제주로 이어지는 길을 늘 업고 다녔다.

목포~제주 뱃길은 험난하기로 유명하다. 목포를 출발해 진도 울돌목에서 벽파진까지 이어지는 뱃길은 비교적 잔잔하지만, 이후부터 넓은 바다가 열리고 추자도가 가까워지면 바람 한 점 없는 날씨에도 배가 요동을 친다. 그때마다 할머니는 안고 있던 아이를 두꺼운 이불 위에 올려놓았다. 배가 만약 침몰하면 아이라도 물에 떠 있게 하기 위해서였단다.

할머니는 1950년대 말 목포~제주를 오가던 배의 이름을 황영호로 기억하고 있었다. 황영호는 1955년 1월 8일부터 목포~제주 항로를 운항했던 철선으로 알려져 있다. 할머니는 훗날 가야호와 안성호, 삼화호 등 목포~제주 항로 사이 차례로 투입됐던 철선을 타고 행상을 다녔다. 할머니는 배 위에서 일어났던 갖가지 일들을 생생하게 기억했다. 배는 보통 오후 6시에 출발했다. 그러면 새벽 12시나 1시가 되면 제주항에 도착하곤 했다.

도매상을 상대하던 할머니는 보통 김의 경우 200~300속 정도를 가지고 제주행 배를 탔다. 제주 장사는 고생한 것만큼 그렇게 이윤이 남지 않았다. 요즘 돈으로 5000원어치 정도의 물건을 사서 들어가면 500원~1000원 정도가 남는 장사였다. 소위 말하는 떼돈을 버는 행상은 결코 아니었다.

배 위에는 목포와 제주를 오가며 장사를 하는 사람들이 많이 탑승했다. 육지에서 염소나 토끼를 가지고 제주도로 들어가는 사람들, 자신처럼 쌀과 미역과 김을 가지고 들어가는 사람들, 그리고 각종 기물을 싣고 들어가는 사람들로 여객실은 북적였다. 다리를 편히 하고 누울 자리가 없을 정도였다고 한다.

제주에 말을 사러 가는 사람들은 다리에 돈뭉치를 묶고서 배를 타곤 했다. 소매치기를 막기 위해서였다. 또 객실에서는 예외 없이 노름판이 벌어졌는데 사기노름에 휘말려 돈을 몽땅 잃는 이들도 있었다. 그러면 목포에서 돈을 가지고 제주도로 들어가던 이가 투덜거리면서, 다음 정착 항구인 진도 벽파진에 하선을 하곤 했다.

멸젓 철이 되면 추자도에서는 추자멸젓을 사러가는 사람들이 많이 내렸다. 그중에는 강진읍 남포 사람들도 여럿 있었다. 서로 말을 건네는 사이는 아니었지만 '저 사람들이 남포 사람들이구나' 하는 생각은 자주 했다.

할머니는 아쉽게도 배에 탄 사람들 중에 병영상인을 기억하지는 못했다. 당시에는 모두 조용하게 행상을 하는 시대였던 터라 바로 옆 사람이 강진 사람인지 해남 사람인지 잘 알 수 없었다고 했다. 대신 흑돼지와 같은 동물을 사서 육지에 파는 사람도 있었고 제주댁 할머니처럼 고사리와 미역을 거래하던 상인들의 발길도 끊이지 않았다. 아마도 그중에서는 병영면 중고마을 송용백 이장의 어머니도 있었으리라. 송용백 이장의 어머니는 1950년대 후반 제주에 들어가 비단을 팔고서, 그곳에서 흑돼지를 사다가 강진의 시장에 되팔았다고 했다.

할머니가 타고 다니던 황영호는 무전 시설을 갖춘 배가 아니었다. 물론 레이더 장치도 없었다. 항해를 하다가 갑자기 바람이 불면, 가까운 항구로 피항해 며칠씩 바람이 잠잠해지기만을 기다렸다. 한번은 할머니가 탄 배가 보길도로 갑자기 피항한 적이 있었는데 바람 때문에 4일 정도를 꼼짝하지 못했다. 이때 배에 있던 사람들은 자기가 가지고 있던 음식을 아낌없이 서로 나눠 먹었다고 한다.

그렇게 며칠씩 피항한 후 제주에 도착하면 부둣가에는 배를 기다리는 사람들로 북적댔다. 목포를 출발했다는 배가 며칠씩 들어오지 않으니 사람들의 걱정이 이만저만이 아니었다. 배에는 무전 시설이 없어 피항해 있다는 상황을 알려줄 수단이 없었던 것이다. 1960년대 중반까지 제주와 목포 사이에는 이렇게 무전 시설 없는 배가 바다 위를 왕래하고 있었다.

제주에 도착해서는 건입동에 있는 동문시장과 서문시장 도매상들에게 물건을 넘겼다. 제주 사람들에게는 김과 고춧가루, 쌀 등이 인기가 좋아서 보통 3일 정도면 물건을 모두 소비했다. 물건을 팔면 다시 육지로 가지고 나올 상품을 구입하는 게 일이었다. 역시 도매상에서 물건을 구입해 목포행 배에 올랐다. 목포에 도착하면 물건을 목포의 도매상에게 대부분 넘기고 일부만 강진으로 가져와서 팔았다.

할머니는 1960년대 후반에 제주도에 눌러앉았다. 건입동에서 8년을 살았고, 제주시내 로터리에서 18년을 살며 장사를 했다. 건입동은 제주에서 가장 북쪽에 있는 시장으로 육지와 가장 가까운 재래시장이다. 예전부터 이곳은 육지에서 들어오는 물건이 가장 먼저 도착한 곳이다. 건입동에는 지금도 중앙시장이 큰 시장으로 자라잡고 있는데 그 역사는 조선시대까지 거슬러 올라갈 정도다. 할머니는 제주에서 정착해서 장사를 하면서도 틈만 나면 육지행 배에 몸을 실었다.

할머니의 기억에 따르면, 1960년대 후반부터 육지 사람들이 대대적으로 제주도로 이주해 들어갔단다. 각종 기록에 따르면 60년대 후반 큰 가뭄을 겪으면서 본격적인 이농이 시작되었다. 이농 인구의 80% 정도는 대도시로 떠나갔고, 나머지가 제주도를 비롯한 주변 지역으로 이주해 들어갔다. 할머니는 60년대 후반부터 밀수품을 육지에 내다 파는 새로운 장사를 하기 시작했다. 당시 제주에는 일본에서 들어온 밀수품 거래가 일반적인 일이었다.

제주에서 일제 옷이나 양산, 화장품을 가지고 강진에 오면 '기관장 사모님'들의 인기를 독차지했단다. 할머니가 밀수품을 거래한 지역은 인근 영암과 장흥 지역에서 보성과 광주, 화순 지역까지 넓혀졌다. 당시에는 밀수를 하다 발각되면 구류를 사는 정도의 처벌을 받았다. 할머니는 주로 밀감상자 안에 밀수 물품을 숨겨 배에 올랐다. 1950년대 후반부터 80년대 후반까지 30여 년 동안 육지와 제주 사이에는 각종 생필품 거래가 활발했고, 일본에서 들여온 밀수품의 거래도 적지 않았다.

제주에 살다가도 마음이 적적하면 그냥 배에 올랐고, 육지에서 생활하다가도 가슴이 답답하면 제주행 배를 탔지. 그렇게 살다보니, 어느 날 제주댁이란 택호가 붙어 있더라.

제주댁 할머니는 이렇게 회고했다. 장사를 하면서 업어 키웠던 딸아이는 이제 마흔다섯 살 주부가 되어 외지에서 살고 있다. 할머니는 딸이 결혼해서 떠난 후 지금까지 혼자서 살고 있다. 적적하면 절에 가고, 외로울 땐 군청 앞 모란빌라에 사는 가까운 할머니 집에 들러 옛날이야기를 하며 소일을 하고 있다.

물감장사로
돈을 모으다

조선시대부터 상업 문화가 풍미했던 병영면 일대에는 6·25 전쟁 후 다양한 업종의 대상(大商)들이 등장하게 된다. 대상이란 거부(巨富)를 의미하진 않는다. 요샛말로 도매상 정도를 말한다.

도매상을 대상이라고 한 것이 의아하기도 하지만, 당시의 상업 규모를 파악해보면 어느 정도 이해가 간다. 옛날에는 상인들이 봇짐에 성냥 몇 갑, 기름 한 병, 빨래비누 몇 개를 넣어 짊어지고 각 시장을 돌아다니며 팔았다. 성냥장수에게 성냥을 공급해주는 도매상은 틀림없이 대상으로 보였을 것이고, 기름장수에게 드럼통 몇 개를 놓고 기름을 공급하는 도매상 역시 대상 대우를 받았을 터였다.

전쟁 후여서 물건이 풍족하지 않을 때였지만, 주민들이 많이 사용하는 생필품은 도매상을 탄생시키는 주력 품목이었다. 병영면 소재지에 가면 삼성슈퍼란 슈퍼마켓이 있다. 삼성슈퍼 주변은 1960년대 말까지만 해도 병영면 소재지의 중심가였다. 길 건너편에 포목집이 다섯 개나 됐고, 왼쪽으로는 털옷을 짜는 편물점이 서너 개, 사진관 두 개가 밀집해 있었다.

삼성슈퍼의 주인인 김관홍 사장의 부친과 부친의 형제들은 물감도매상으로 시대를 풍미했던 사람들이다. 무명옷이 전부였던 시절에 서민들은 흰 무명에 물감을 들여 옷을 만들어 입곤 했다. 따라서 물감은 시장에서 거래되는 주요 생필품 중의 하나였다.

김관홍 사장의 부친인 김석수 씨(1965년 작고)는 형제가 4명 있었다. 첫째인 김석훈 씨가 일제 때 부산으로 이주해 그곳에서 풍미양행이라는 물감공장을 차렸다. 김석훈 씨는 동생들에게 물감 도매상을 해볼 것을 권장했다. 그래서 둘째인 김석현 씨가 강진읍장 주변에 덕성상회라는 물감가게를 차렸고, 셋째인 김석수 씨는 병영면 소재지에 삼성상회라는 물감가게를 역시 개업했다.

안정적인 물감 공급원을 가지고 있었던 형제들은 급속도로 상권을 확장해갔다. 김관홍 사장에 따르면 부산에서 오는 물건은 대략 세 가지였다. 얼음처럼 딱딱한 양잿물과 물감, 조단이라는 일종의 첨가물이었다. 보통 한 달에 한 번 정도 물건이 왔는데, 대형 드럼통이 열 개가 넘게 들어왔다. 물건은 주로 부산에서 여수까지 배편으로 실어 나르고 화물업체가 부두에 도착한 물건을 병영으로 운송

해왔다.

물감은 색상이 다양해, 빨주노초파남보 무지개 색깔이 준비됐다. 원하는 물감과 양잿물, 조단이를 섞어 뜨거운 물에 끓이면, 흰 무명옷이 무럭무럭 솟아오르는 수증기 속에서 원하는 아름다운 색상으로 바뀌어 나왔다.

양잿물은 주로 근 단위로 팔았다. 엿처럼 딱딱하게 굳어 있었는데, 이것을 끌과 망치를 이용해 조심조심 내려치면 호박엿 깨지듯이 조각이 떨어져 나왔다. 흰옷을 더욱 희게 하는 데 그것보다 더 좋은 것이 없었다. 양잿물을 사마귀에 바르면 죽기도 했다.

장날이 되면, 삼성상회 앞에는 물감과 양잿물을 구입하려는 사람들이 늘 줄을 섰다. 사람들은 삼성상회를 물감방이라고 했다. 물감을 많이 가지고 있는 방이라는 뜻일 것이다. 보부상들은 삼성상회에서 물건을 받아 그 길로 장으로 가서 소매가격에 이를 되팔았다. 강진읍의 덕성상회도 급속히 번성했다. 큰형님의 공장에서 직송된 물감과 양잿물은 제품이 괜찮아서 강진 사람들의 입소문을 금방 탔다.

삼성상회는 병영면 소재지에서 비누공장도 운영했다. 양잿물과 쌀의 죽재를 섞어 만들었는데, 색깔이 검정색이어서 흙비누라고 불리기도 했다. 물감장사로 돈을 모은 형제는 사업 다각화를 시도했다. 병영에 극장을 지은 것이다. 때는 1963년이었다. 초창기 극장은 대단히 번성했다. 일주일에 두 편 정도의 영화를 상영했는데 관람석이 항상 만원이었다.

병영 삼성상회의 1960년대 모습.
이곳의 김석수 사장은 물감가게로 자리를 잡아 큰돈을 벌었다.
(김관홍 제공)

김석수 사장은 광주의 구월영화사라는 영화보급사에 올라가 필름을 직접 가지고 내려오곤 했다. 병영극장에서는 영화뿐 아니라 연예인 쇼도 자주 열렸는데 왕년의 인기 연예인 고 서영춘 씨나 백설희 씨 등도 병영극장의 무대를 장식했다.

그러다가 병영극장은 이런저런 이유로 문을 닫고 사업도 기울기 시작했다. 설상가상으로 김석수 사장이 1965년 마흔넷의 나이로 세상을 뜨고 말았다. 삼성상회의 물감 사업은 모친 정명복(1969년 작고) 씨가 이어 받았다. 물감은 건강에 매우 해로웠다. 김석수 씨의 형제들이 비교적 단명을 했는데, 양잿물과 물감을 오랫동안 취급해서 그렇지 않느냐는 걱정이 나오기도 했다.

정명복 씨가 사망한 후 삼성상회는 업종을 바꾸었다. 1960년대 말의 일이다. 삼성상회는 양잿물 드럼통과 물감통을 걷어내고 과자류 도매상을 시작했다. 가업은 김석수 사장의 큰 딸이 이었다. 오랫동안 장사를 했던 집안이라 업종 전환 후에도 꽤 장사가 잘됐다. 삼학소주 총 판매점을 하면서 인근 장흥과 해남 등지까지 삼학소주를 판매했다. 각 마을에 있던 구판장에도 이런저런 과자류를 거의 독점적으로 공급하기도 했다.

김관홍 사장은 중학교에 다닐 적에 집에만 오면 자전거를 타고 과자를 배달 가던 기억이 지금도 생생하다. 김 사장은 이렇게 회고했다.

1963년 9월 24일 강진군에서 처음으로 병영극장이 개관했다.
극장 안에 영화를 보려고 모인 사람들이 빼곡히 들어차 있다.

(김관홍 제공)

마을 구판장에 빼지 않고 배달한 게 사카린이었습니다. 여름에는 큰 주전자에 사카린 한 봉지를 타고서 그 물을 마을 사람들이 돌아가며 꿀컥꿀컥 마시곤 했지요.

삼성상회가 삼학소주 총판을 할 당시 병영에는 '병영소주'라는 소주공장이 가동되고 있었다. 1950년 중반에 세워진 공장이었다. 요즘 청세주를 생산하는 병영주조 자리가 바로 소주공장이 있었던 곳이다. 당시 사장이 김남식 씨였는데 집안 친척이었던 김견식 씨는 열여덟 살 되던 1957년에 병영주조에서 직장생활을 시작했다. 김견식 사장은 1980년대 초반에 양조장을 인수했고, 지금은 전국적으로 유명한 청세주와 설성막걸리를 생산하는 어엿한 양조장 사장이 됐다.

김견식 사장에 따르면, 병영소주는 1970년대 초반까지 '해성소주'라는 상표를 달고 생산되었다. 그러나 박정희 대통령이 식량으로 술을 만들지 말라는 법령을 공표함에 따라 생산이 중단됐다. 당시 강진읍에서는 은하소주라는 유명한 소주가 생산되던 시절이다. 소주는 주로 큰 독에 담아 장흥과 해남, 광주 등의 소매점에 공급했고 막걸리는 큰 플라스틱 통에 담아 자전거에 싣고 배달했다.

소주 제조가 금지된 이후, 병영소주는 고구마를 이용해 소주를 만드는 방법을 도입하는 등 여러 가지 자구 노력을 했으나 결국 70년대 중반이 안 돼 역사 속으로 사라지고 말았다. 70년대 말 이후에는 막걸리 소비까지 줄어들어 경영이 악화되자, 총 지배인이었던 김견식 사장이 양조장을 인수하게 됐다. 그는 이렇게 말했다.

농사철이 되면 막걸리를 사려는 사람들이 문 열기도 전에 줄을 서서 기다리곤 했습니다. 수십 년 동안 침체됐던 막걸리 시장이 요즘 들어 되살아난 것은 큰 다행이죠.

좋은 물건을
싸게 팔아라

1950년대 말 영산포에서 서울로 가는 야간열차는 늘 만원이었다. 서울 가는 사람들이 하룻밤을 보내는 데 밤차가 제격이었다. 그들은 이른 아침 서울역에 도착해 따뜻한 국물 한 그릇으로 허기를 채운 후 기나긴 서울의 행로에 들어갔다.

그해 겨울, 20대 초반이었던 병영상인 이물 여사도 서울행 열차에 몸을 실었다. 강진의 각 5일장과 고금도 등에 팔 여성의류를 구입하기 위해서였다. 이 여사의 옷차림은 허름했다. 되도록 허접해 보여야 다른 사람의 시선을 끌지 않았다. 돈을 지키기 위해서였다. 물건을 구입하러 서울까지 올라가는 상인에게 돈은 생명이었다.

그래서 돈이 들어 있는 가방에는 빨지 않은 아기 기저귀를 넣었다. 마른 똥이 너저분했다. 고약한 냄새가 났다. 그러면 사람들이 주변에 얼씬도 하지 않았다. 동대문시장과 남대문시장 등에서 물건을 사서 리어카에 싣고, 서울역으로 돌아오면 다시 어두운 밤이 됐다.

마지막 출발하는 목포행 기차를 탔다. 다음 날 새벽 영산포역에 도착했다. 날씨가 좋으면 버스가 있었지만 눈이 조금이라도 쌓이면 길이 끊겼다. 그러면 이 여사는 자기 몸집보다 큰 보따리를 머리 위에 올렸다. 신북과 영암~성전~강진으로 이어진 길을 그렇게 하루 내에 걸어서 내려왔다.

이물 여사는 병영 새마터(신지마을)가 친정이다. 20대 초반에 같은 병영 상림마을의 명형채(작고) 씨에게 시집을 가서 3남2녀를 낳았다. 20여 년 동안 행상을 했고, 다시 20여 년 동안 강진읍에서 명신상회라는 유명한 양품상회를 운영했다. 지금은 명동성 전 서울 중앙지검장의 모친으로 더 잘 알려진 분이다. 강진읍 서성리 아파트에서 만난 이 여사는 걸음이 불편해 보였다. 허리가 매우 좋지 않다고 했다. 그녀는 젊었을 적에 행상을 다녔던 흔적을 몸에 고스란히 담아 살아가고 있었다. "옛날에는 차가 귀했으니까. 여자들이 장사를 하면 머리에 이고 다니는 게 당연한 일이었지."

병영 주민들에 따르면, 병영상인들이 시장을 돌아다니며 자전거를 이용하기 시작한 것은 해방 이후부터다. 그러나 자전거는 남성들의 전유물이었던 터라 여성 상인들은 그 후로도 오랫동안 머리에 보따리를 이고 다니는 전통적인 이동 방식을 고수했던 것. 이 여사는 그런 전통 방식으로 물건을 팔러 다닌 여성 상인이었다.

영산포에서 물건을 머리에 이고 내려오면 이물 여사는 하룻밤을 집에서 보냈다. 그러고는 다음 날 새벽 일찍 일어나 보따리를 머리에 이고 마량까지 또 걸어서 내려갔다. 고금장을 보기 위해서였다.

마량항에서 쪽배를 타고 고금도로 건너갔다. 고금도 부두에서 고금장이 서는 면 소재지까지는 한참을 다시 걸어가야 했다. 그런 세월을 20년이 넘게 보냈다. 이물 여사가 상림마을로 시집을 갔을 때 시댁은 가난했다. 남편은 공무원이었으나 당시 공무원의 월급은 쥐꼬리 자체였다.

이런 일화가 있다. 첫째 아들인 동성(전 서울중앙지검장) 씨를 낳고, 시댁 식구들이 차려준 따뜻한 밥을 먹었는데 둘째 딸을 낳고는 밥을 먹지 못했다. 배가 너무 고팠다. 직장에서 돌아온 남편에게 "여보, 나, 배가 너무 고파요"라고 했단다. 잠시 후 남편의 밥상이 들어왔다. 남편은 헛기침을 하더니 바깥을 보며 "밥이 모래알이어서 못 먹겠네"라고 목소리를 높였다. 그러고는 그 밥을 그녀에게 먹으라고 슬쩍 밀어주었다. "그럼 당신은 무얼 먹으려고요" 하며 그녀가 쉬이 수저를 대지 못하자, 남편은 "면 소재지에 나가 간단히 먹고 오리다" 하고 말하곤 조용히 문을 닫고 나갔다는 것이다.

그녀는 그런 남편의 사랑이 있었기 때문에 고생스런 행상을 할 수 있었다고 했다. 어떤 고생을 해서라도 자식들을 교육시켜야 한다는 각오도 그렇게 다져갔다. 강진읍으로 이사를 한 뒤, 5년 정도 혼자서 행상을 계속했고 남편도 얼마 되지 않아 사표를 내고 행상

이물 여사와 남편 명형채(작고) 씨 부부는 모두 병영 출신으로
오일시장을 돌아다니며 장사한 전형적인 병영상인이다.
부부는 이렇게 해서 돈을 모아 강진읍내에 가게를 차렸다.

(명동성 제공)

에 합류를 했다.

이물 여사는 처음에 아주 작은 봇짐을 만들어 장사를 하기 시작했다. 주변에 상인들이 적지 않았기 때문에 장사를 열심히 하면 돈을 모을 것이라는 믿음 같은 게 있었다. 물건은 광주 거래처에서 구입해왔다. 병영에서 강진읍장, 칠량장, 마량장, 고금장 등을 돌며 물건을 팔았다. 돈이 조금씩 모이고 시장 판매망이 확대되면서 물건을 사오는 거래처를 서울로 옮겼다. 좀 더 좋은 물건을 싸게 판매하겠다는 욕심 때문이었다. 그녀는 장사를 하면서 철저하게 돈을 아꼈다. 밥값을 아끼기 위해, 식당에 들르면 밥을 절반만 시켜서 먹고 그에 해당하는 절반의 돈만 내고 나온 적이 한두 번이 아니었다.

남편은 늘 좋은 물건을 싸게 팔아야 한다고 강조했다. 나쁜 물건을 팔면 두고두고 자식들이 욕을 먹는다는 게 명형채 사장의 생활 신조였다. 그래서 그녀는 힘들었지만 한 달에 한두 번은 직접 서울에 올라가서 물건을 사왔다. 덕분에 지금도 거리에서 사람들을 만나면 '그때 산 옷을 지금도 입고 있다' 는 인사를 종종 듣는다.

부부가 장사를 하면서 빼지 않고 가지고 다닌 게 있었다. 그것은 강철로 만들어진 미군 실탄통이었다. 6 · 25 전쟁 때 미군들이 사용했던 실탄용기였는데 뚜껑 위에 구멍을 내면 돈을 넣는 금고로 안성맞춤이었던 것이다. 좌판을 열면 실탄통이 의자로 변신했다. 돈을 받으면 엉덩이를 들고 금고 뚜껑 틈으로 돈을 밀어 넣었다. 그리고 다시 엉덩이를 붙이면 실탄통 금고는 거짓말처럼 다시 의자로 변신했다. 누가 엿보지도 않았고 훔쳐가지도 못했다.

그렇게 부부는 차곡차곡 돈을 모아 5남매를 기르고 교육시켰다. 재산도 모아갔다. 20여 년 동안 행상을 한 뒤, 40대 들어 강진읍내 중앙로 지금의 해피랜드 자리에 가게를 마련했다. 이름은 명신상회였다. 명신상회는 좋은 물건을 싸게 판매하는 곳으로 유명했다. 행상을 하면서 얻었던 좋은 평판은 점포를 차린 후에 더 높아졌다. 좋은 물건을 구입하기 위해 이물 여사가 기차를 타고 서울로 물건을 사러 가는 일도 계속됐다.

1978년 서울법대를 다니던 장남 동성 씨가 스물다섯의 나이로 사법고시에 합격했다. 경사스러운 일이 아닐 수 없었다. 이 여사는 아들을 데리고 명신상회 주변 상가를 돌며 고개 숙여 인사를 했다. 그때 아들에게 빼놓지 않은 말이 있었다. "이분들 덕분에 너를 가르쳤고, 이분들 덕분에 네가 고시에 합격했다."

명동성 전 검사장은 지난해 공직에서 퇴임한 후 변호사가 됐다. 집에 내려오면 어머니를 승용차에 태우고 고급도를 자주 간다. 명 변호사는 예전에 어머니가 행상을 하면서 고생했던 길을 함께 다니는 게 고향에서의 큰 일과라고 한다.

명신상회는 이 여사가 65세 되던 해인 1994년 문을 닫았다. 문을 닫던 해에 요즘 말로 재고처리 전을 했다. 창고에 쌓아둔 유명회사 제품의 속옷 등이 수두룩하게 나왔다. 그런데 명신상회는 공개 할인행사를 하지 않았다. 물건 가격을 내린다고 여기저기 알리면 다른 점포들이 영업에 영향을 받는다는, 명형채 회장(강진라이온스클럽 회장 역임)의 뜻 때문이었다. 그래서 점포 정리를 위해 오는 손님들에게 그냥 물건을 싸게 판매했다. 손님들이 물건을 너무 싸게 판매하는 것 아니냐고 물어오면, 절대 손해는 보지 않고 판매한다고 했다. 남는 것 없이 물건을 판다고 하면 손님들이 미안해할 것 같았기 때문이다.

명신상회가 문을 닫으면서, 1950년대 후반에 시작된 한 병영상인의 상업 역사도 그렇게 막을 내렸다.

작천·옴천 사람들도
상업은 일상사

병영의 주변 지역인 작천과 옴천 주민들도 병영에 버금가는 상업 역사를 가지고 있다. 목포나 광주 등에서 만난 병영상인들은 작천 출신 상인들을 많이 알고 있었고, 작천 출신 상인들 역시 자신들을 병영상인의 대열에서 따로 생각하지 않는 관습을 가지고 있었다. 적지 않은 작천·옴천 출신들이 자신들을 그냥 병영 출신이라고 소개하는 경우도 많았다.

그럴 수밖에 없는 사연은 병영과 작천·옴천 지역의 지리적 관계와 함께 역사적 사실에서도 잘 나타난다. 강진에서 세 지역은 흔히 북삼면이라고 한다. 강진의 북쪽에 있는 세 지역을 통틀어 일컫는 말이다. 세 지역은 지리적으로 인접해 있지만 각 마을도 가깝게 형성돼 있다.

역사적으로 병영과 작천 그리고 옴천은 비슷한 행정구역이었다. 작천 일대는 1409년(조선 태종 9년) 행정구역이 개편되면서 열수면, 초곡면, 이지면 등으로 나뉘었다. 그러다 불과 10여 년 만인 1417년, 병영성이 설치되면서 행정구역이 조정되었다. 작천의 열수, 이지면과 옴천면, 고군면 등 4개 면이 영사면(營四面)이라 이름 지어지면서 병영의 관할을 받는 지역이 된 것이다. 영사면이란 행정구역은 500여 년 동안 지속되다가 1914년 행정구역 통폐합으로 작천면이 분리됐다. 영사면에 들어 있는 고군면이란 병영면의 옛 이름이다. 고군면의 명칭은 1914년 작천이 분리되면서도 계속되어오다 1931년에야 병영면으로 개칭되었다. 작천과 병영, 주변 옴천 지역의 행정구역 연관성은 500년 이상의 역사를 가지고 있는 셈이다.

이러한 역사가 있기 때문에 우리가 병영상인을 규정할 때 인근 옴천과 작천 지역 주민들을 포함해야 하는 것이다. 지금도 병영, 작천, 옴천은 북삼면이라고 통칭되어 불린다. '북삼면'이란 강진읍의 북쪽에 있는 세 개의 면이란 뜻이다.

현재 강진군번영회장을 맡고 있으면서, 강진읍 오일시장 입구에서 혼수백화점을 운영하고 있는 김정권 회장은 작천 부흥마을 출신이다. 야흥리 부흥마을은 병영과 거의 맞닿아 있는 곳이다. 김 회장의 부친과 모친은 북녘의 만주와 함흥까지 무명 장사를 했고, 자신은 강진농업고등학교를 졸업하고 부모님의 가업을 이어받아 상업활동에 뛰어들었다. 김 회장은 앞서 소개했던 이물 여사 등과 함께,

전남 강진군 병영면 소재지는 모든 집들이 돌로 담을 쌓았다.
한골목이라는 곳이 대표적인데 곳곳에 물건을 파는 가게가 있다.

보부상으로 출발했던 강진의 상인들이 어떤 과정을 거쳐 지역에 정착해왔는지를 보여주는 상징이다.

김 회장의 부친 김화배(1982년 작고) 씨와 모친 윤순덕(1990년 작고) 씨는 일제강점기 때 무명베 장사를 했다. 야흥마을에서 무명베를 짊어지고 영산포까지 올라가 기차를 타고 북쪽으로 올라갔다. 부친은 함흥까지 올라가 무명베를 팔았고, 모친은 그 위쪽까지 올라가 만주에서 무명베를 팔고 내려오기도 했다.

해방된 이후, 김 회장의 모친은 쌀장사를 시작했다. 1950년대 중반까지 군동 백금포와 강진읍 목리에서 부산을 왕복하는 화물선이 있었다. 모친은 쌀을 가득 싣고 부산으로 갔다. 뱃길은 보통 3~4일이 소요됐다. 부산 영도부두에서 배를 대면 도매상들이 와서 쌀을 구입해갔다. 쌀이 모두 팔리면, 그 돈으로 자갈치시장에서 비단을 샀다. 비단을 한 짐 싣고 다시 배를 타고 강진 백금포에 도착했다.

부산과 강진을 오가는 화물선은 대단히 낡은 것이어서 뱃길이 매우 위험했다. 한번은 부산 인근 낙동강 하구언에서 배가 파손되어, 많은 물건이 바닷물 속에 수장되기도 했다. 배가 침몰하려고 하자, 타고 있던 강진 상인들이 목숨을 건지기 위해 싣고 가던 쌀을 바다에 버렸다. 모친의 등에는 김 회장의 동생인 민채 씨가 업혀 있었다.

부산에서 강진으로 가지고 온 비단은 도매가격으로 상인들에게 팔려나갔다. 부산에서 가져온 비단은 가격이 저렴하고 품질도 좋아서 상인들이 아주 좋아하는 상품이었다. 그래서 김 회장 모친이 탄 배가 백금포에 도착하면 비단을 받아가려는 상인들이 줄을 서곤 했다. 김 회장의 모친 윤순덕 씨는 도매상을 하다가 나중에 강진의 5일장을 돌며 직접 비단 행상을 하기도 했다.

1961년 고등학교를 졸업한 김정권 회장은 부모님의 상업을 이어받기로 했다. 당시만 해도 고등학교를 졸업하고 상업에 뛰어든 사람이 몇 안 되었을 때다. 김 회장은 처음에 비단을 짊어지고 모친과 함께 5일장을 다녔다.

한번은 고금장엘 따라갔는데 0.5톤에 불과한 쪽배를 타게 됐다. 마량과 고금 사이의 바다는 직선으로 300m에 불과하지만, 좁은 해역인 만큼 물살이 빠르고 바람이 조금만 불어도 파도가 거칠어지는 곳이다. 서너 명의 상인들이 망설이다 배에 올랐다. 배에 탄 사람은 서너 명에 불과했으나 각자 짊어지고 온 짐이 몇 배가 됐다. 바다 한가운데서 배가 기우뚱거렸다. 비단 위로 바닷물이 쏟아져 들어왔다. 아찔한 순간이었다.

그런 순간을 몇 차례 더 겪으며, 배가 간신히 고금부두에 도착했다. 상인들은 목숨을 건졌다는 안도감보다는 장에 갈 수 있다는 만족감으로 짐을 챙기느라 정신이 없는 모습이었다. 김 회장은 장사를 이렇게 하는 것이구나, 하는 생각을 하면서도 바다에서 침몰될 뻔했던 아찔한 순간을 잊지 못했다. 그 후로 오랫동안 고금장을 가지 못했다고 한다.

김 회장은 1966년에 김재님 여사와 결혼 후 다양한 사업을 시도했다. 장사의 매력에 빠져들어 열심히 하면 사업적으로 성공할 수 있을 것이라는 확신이 들던 시기다. 얼음공장과 떡국장사, 운수업 등에 잇따라 진출했다. 1960년대 후반은 강진의 인구가 12만 명으로 역사상 최고조에 달할 때였다. 상업 활동도 왕성하게 눈을 떴다. 상업 활동이 번성할 때 김 회장은 강진에 새로운 상업 문화를 여러 가지 도입했다.

1960년대 말에 강진에 아이스크림을 담아 파는 하드통이 처음 등장했는데, 김 회장이 광주에서 가져온 것이었다. 하드통은 '마오병(보온병)'이라고 했다. 안쪽에 반짝이는 유리통이 있었다. 그 안에 아이스크림을 넣고 얼음고무봉지를 넣어 검은 고무뚜껑을 닫으면, 아무리 더운 여름에도 한나절 이상은 아이스크림이 온전히 보전됐다. 그전까지는 아이스크림 장사들이 단순한 나무통에 비닐과 무명을 받쳐 "아이스께끼 사~려~"를 외치고 다녔다. 하드통은 강진의 아이스크림 문화를 변화시켰다.

떡국 자르는 기계도 이때 처음 들어왔는데, 역시 김 회장이 군 단위에서 처음으로 도입한 기계였다. 떡국 자르는 기계도 광주에서 처음 보고 구입했다. 또 1970년대 말까지만 해도 강진에는 매장에 따뜻한 방을 들이는 문화가 없었다. 매장은 항상 서서 활동하는 공간일 뿐이었다. 겨울에는 화로나 숯난로를 태워 난방을 했다.

김 회장은 이어 운수업에 뛰어들었다. 4톤짜리 트럭을 구입해 각 장으로 돌아다니는 상인들을 태우며 영업을 했다. 트럭 짐칸에는 화물과 함께 시장으로 가는 상인들이 빼곡히 들어차 마치 꽃봉오리를 연상케 했다. 요즘에도 그렇지만, 당시에도 트럭 짐칸에 사람이 타는 것은 법으로 금지돼 있었다. 강진읍에서 출발할 때는 걱정이 없었지만 각 면 소재지를 지날 때가 문제였다. 면 소재지 중심가에는 어디든 지금의 파출소 격인 지서가 자리 잡고 있었다. 면소재지가 가까워질 때 상인들은 지서 순경들의 눈을 피하려고, 짐을 수북이 쌓아 아래쪽에 공간을 마련하고 그 안에 몸을 숨겼다.

상인들이 이동하는 수단은 말구르마(말수레)도 많이 이용됐다. 말수레는 주로 강진읍 남포를 중심으로 한 생선장수들이 많이 이용했다. 지금의 강진읍 공용터미널 서쪽 보리수식당 주변 자리에 마부가 살면서 각종 마구를 팔았다.

김 회장은 1980년대 초반 오일시장에서 점포를 할 때 처음으로 매장에 방을 만들어 연탄불로 온기를 넣어 손님을 맞았다. 손님들의 반응이 환영 이상이었다. 주변 상가에서 앞다투어 김 회장의 기법을 배워간 것은 물론이다. 점포에 방을 만드는 것은 목포에서 배워온 것이었다.

1970년대 초반까지 강진에서는 한 매장에서 단일 품목을 취급하는 게 일반적인 일이었다. 이를테면 옷가게에서는 옷만 취급했고 신발가게는 신발만 취급했다. 김 회장의 세은상회는 이불과 비단을 함께 취급하면서 복합 상업을 시도했다. 이 또한 김 회장이 서울과 인천 등에서 배운 장사 기술이었다. 한 점포에서 여러 가지 품목을 취급하는 형태는 이제 어디서나 자연스런 문화가 됐다.

김 회장은 이렇듯 외지를 돌아다니며 선진 문물을 배워, 바로바로 강진에서 적용을 시도한 사업가였다. 김 회장은 병영과 작천 출신 사람들의 장사 기술에 대해 이렇게 설명했다.

장사는 신용과 친절이 가장 중요합니다. 그분들이 강진은 물론 전국 각지에서 성공할 수 있었던 건, 장사에서 가장 중요한 신용과 친절이 있었기 때문일 거라 믿습니다. 상대방에게 신용을 주고 친절하게 대하는 것은 하루아침에 이뤄지는 게 아니지요. 오랜 상업의 역사가 신용과 친절을 자연스럽게 몸에 배게 했을 것입니다.

병영상인과
개성상인의 만남

출향인 기업인 대선제분은 우리나라 최초의 종합곡분회사다. 밀가루부터 쌀 가공식품 등 곡분과 관련된 다양한 제품을 생산하고 있다. 올해로 창립 54주년을 맞았다. 서울 영등포, 충남 아산, 전남 함평 등에 공장이 있는데 직원 수가 150여 명, 연매출이 1200억 원에 이르는 중견기업이다.

이 회사의 창업자인 박세정 회장은 병영과 맞닿아 있는 작천면 용상리 구상마을 출신이다. 박 회장은 평생 자신이 병영상인임을 자임하며 이를 자랑스럽게 여겼다고 한다. 대선제분은 1958년 박세정 회장을 비롯한 5명이 공동으로 창업해 오늘에 이르고 있는데, 그 과정이 흥미롭다.

공동 창업자 중에 한 사람인 홍종문 회장은 개성 출신이었다. 그러니까 병영상인과 개성상인이 모여 함께 회사를 차렸던 것이다. 북쪽에서 유명한 개성상인과, 남쪽의 병영상인이 함께 의기투합했으니 왠지 막강한 위세로 상권을 장악했을 것만 같다. 과연 이 회사는 설립 이후 어떤 길을 걸어왔을까.

대선제분의 모태는 1950년 3월 박세정 회장이 부산에 설립한 계동상회였다. 박세정 회장은 부산에서 계동상회를 설립하기 전, 전남 장흥에서 부친이 운영했던 삼성상회를 운영하면서 경영을 배웠다. 요즘에도 그렇지만, 옛날에도 장흥 상권의 상당 규모는 병영상인들이 잡고 있었다. 박 회장의 삼성상회는 수산물 사업에 뛰어들었다.

박세정 회장이 부산에서 창업한 계동상회가 상업자본을 축적하는 데 기여한 일등공신은 바로 해태였다. 해방 이후 우리나라가 외화를 벌어들일 수 있는 수출 상품으로는 수산물, 농축산물, 광산물이 전부였다. 그중에서도 수산물은 다른 상품에 비해 수출 비중이 월등하게 높았다.

그래서 민간의 무역업자들에게는 누가 질 좋은 해태를 더 많이 수집해오는가, 이것이 최대의 관건이었다. 그리고 이권이 걸려 있는 해태의 수집 및 수출 권한을 놓고 관변에서도 이전투구가 맹렬하게 벌어졌다. 하지만 1950년 한국전쟁이 발발한 뒤 상황은 급변하고 만다.

해태의 주산지 서남해안 일대까지 북한군이 밀고 내려와 수출길이 막혀버렸기 때문이다. 해태 총생산고의 약 90%가 전라도 지방의 해안과 도서에서 양식 생산되는데, 해태를 부산항으로 운송할

병영상인 박세정 회장(좌)과 개성상인 홍종문 회장(우)은
1958년 공동 출자하여 대선제분을 창업했다.

병영상인 박세정 회장과 개성상인 홍종문 회장이
1970년대 중반 어느 날 나란히 현지 공장을 둘러보고 있다.
《대선제분 50년사》에서)

수 있는 길이 끊어져버린 것이다.

전라도에서 해태의 집산지는 고흥, 광양, 여수, 완도, 장흥, 진도 일대의 남쪽 해안이었다. 어업조합은 장흥과 금산이 가장 규모가 컸다. 1951년의 경우 전남의 23%(52만 3000속)가 장흥에서, 12%(27만 2000속)가 금산에서 생산 수집되었다. 전라남도 강진 출신의 박세정 사장에게 장흥은 고향이나 다름없는 곳이었다. 금산(고흥 거금도)은 장흥 앞바다에 떠 있는 섬이라 누구보다도 그쪽 사정이 눈에 훤했다.

해태는 매년 겨울철에 생산하여, 3월 초순까지는 수집이 완료되어야 하는 계절상품이다. 바닷물의 수온이 상승하기 전에 채취하지 않으면 녹아 없어지는 생물이었다. 얼어붙은 겨울이 지나고 만물이 소생하는 1951년 2월 하순, 박세정 사장은 쌀 3가마니와 보리쌀 5가마니를 트럭에 싣고 부산에서 여수로 향한다. 쌀가마니 하나에는 현금이 가득 들어 있었다. 여수에서 배를 빌려 타고 금산에 도착하니 판로를 잃은 해태는 산더미처럼 쌓여 있었다. 그해의 해태 생산은 흉작이라 준비해간 돈으로는 절반도 구입할 수 없었다. 어민들 간에는 나머지 물건을 외상으로 줄 것인지 말 것인지 격론이 벌어진 끝에 투표에 붙여졌다.

그때였다. 금산어업협동조합의 김용식 조합장이 "어차피 썩을 김, 박 사장에게 한번 맡겨보자"고 주민들을 독려하고 나선 것이었다. 주민들은 반신반의하다가 결국 박세정 사장에게 외상으로 물건을 주었다. 큰 금맥이 있는 섬이란 뜻을 가진 거금도 금산에서 박세정 사장은 금맥을 잡는 데 성공한 것이다.

금산에서 구입한 해태를 여수까지는 배편으로, 여수에서 마산까지는 군용차로, 마산에서 부산까지는 트럭으로 실어 날랐다. 해태는 부산에 내려놓기만 하면 돈이 되었다. 현금 1억 환을 금산에 가져가 5억 환어치를 구입했고, 부산에서는 4배를 남겨 20억 환으로 변했다. 박세정 사장은 만일에 대비해 허리춤에는 권총을 차고서 외상을 갚기 위해 전란을 헤치고 금산을 다녀왔다.

이날 이후부터 전라남도에서 '여수의 박세정'은 해산물 거래에 있어서 보증수표와 같은 호칭으로 오르내렸다고 한다. 특히 해태 수집에 관한 한 '해산물의 기인 박세정'을 통하지 않으면 안 되었다는 것이다.

개성상인 홍종문 회장은 개성의 인삼 재배농의 집안에서 태어나 개성상업학교를 졸업하고 그곳에서 미곡상과 정미소를 운영했다. 1949년 월남해서 서울 북창동에서 덕신상회라는 미곡상회를 운영하며 큰돈을 벌었다. 전쟁이 터지자 부산으로 피난을 왔다. 그리고 수산물 사업을 시작하면서, 계동상회 박세정 회장과 인연을 맺어 대선제분 창설 멤버가 되었다. 박세정 회장의 신용 중시 경영에 큰 감명을 받았던 것이다.

박세정 회장이 동업자인 함형준 사장과 평생 동지가 된 것도 박 회장의 신용거래 때문이었다. 박 회장은 장흥에서 장사를 할 때 남해안에서 생산되는 김과 젓갈, 미역 등을 이북으로 가지고 가서 팔았다. 북쪽에서는 함경도에서 명태와 명란 등을 가져와 팔아서, 그는 강진과 장흥에서 명태 장사로 통했다. 해방 후 38선이 그어지기 전까지 적지 않은 병영상인들이 기차를 타고 만주까지 가서 상업 활동을 했다.

박 회장 역시 판매 범위가 함경도까지 이어졌다. 박 회장이 거래한 곳은 함경남도 원산에 있던 태동상회라는 곳이었다. 사장의 이름은 함형준이었다. 순조롭게 진행 중이던 명태 거래가 갑자기 문제가 생겼다. 1946년 5월 민간인의 38선 무허가 월경금지 조치가 내려진 것이다.

그런데 박 회장은 몇 달 전, 함형준 사장으로부터 명태를 많이 받아놓고선 돈을 치르지 않은 상태였다. 현금을 건네줄 방법이 막혀버린 것이었다. 고심을 거듭하던 박 회장은 현금을 짊어지고 장흥에서 올라가 몰래 38선을 넘는다. 원산의 태동상회까지 찾아가 명태 값을 지불한 것이다. 훗날 월남한 함형준 사장은 박 회장을 만나 대선제분을 창업하는 데 참여한다. 당시 쌓아놓은 신용이 두 사람을 한 회사 내에서 다시 만나게 한 것이다.

이렇듯 병영상인 박세정 회장은 신용을 대단히 중요하게 생각하는 사람이었다. 박세정 사장이 장흥에서 명태 사업을 하면서 거래했던 조흥은행 장흥 지점에서는 차입한 이자를 내는 날이 되면, 그가 도착하는 시간을 두고 은행원들 간에 내기가 벌어졌다고 한다. 이자를 내는 날짜와 시간이 매달 한 번도 어긋난 적이 없이 자로 잰 듯 정확했기 때문에 벌어진 에피소드였다. 박세정 회장은 장흥에서 명태 장사를 하던 인연으로 평생 조흥은행을 주거래 은행으로 이용했다고 한다.

대선제분은 1958년 1월 20일 창립이사회를 열고 역사적인 출발을 했다. 공동창업에 참여한 5명은 이득춘, 함형준, 이기종, 홍종문, 박세정 등 다섯 명이었다. 그리고 이들 공동창업자들은 연장자 순으로 대표이사를 맡는다. 회사는 분란 한 번 휩싸이지 않았고, 오랜 세월 동안 동업 체제가 이뤄졌다고 한다. 대선제분은 현재 고 박세정 회장의 아들인 박관회 회장이 가업을 물려받아 운영하고 있다. 박 회장은 이렇게 말했다.

아버님께서는 병영상인들이 말꼬리로 만든 붓 12자루만 있으면, 밖에 나가 1년 먹을 것을 벌어온다는 말씀을 자주 하셨습니다. 평생 근검과 절약으로 사업을 하셨지요.

마지막으로 하나 덧붙이자면, 대선제분은 만장일치제라는 독특한 방법으로 이사회를 운영해왔다. 이사회에서 한 사람이 의견을 내면 일단은 '훌륭한 제안'이라며 먼저 격려를 한다. 이어 제안 내용이 토의에 붙여졌을 때 한 사람이라도 반대를 하는 기색이 있으면 찬반을 묻지 않고 안건 자체를 부결시키는 게 불문율이란다.

대선제분에 몸담았던 사람들은 이를 마치 신라시대의 화백회의와 같았다고 회고한다.

시장을 광범위하게 개척하다

훗날 병영성이 폐영되고 더 이상 그 이점을 누릴 수 없게 된 후손들은, 대신 절대적으로 왜소한 강진의 상업 규모를 극복하고자 전국의 시장으로 발을 뻗기 시작한다. 강진읍장을 시작으로 대구장, 장흥 대덕장, 용산장, 관산장, 장흥장을 순회하는 것을 기본으로 벌교, 보성, 순천, 여수까지 장을 보러 다녔다. 그리고 일정한 돈이 모이면 더 큰 시장을 찾아 전국으로 흩어졌다. 그 범위가 서울, 인천, 속초, 제주, 심지어 만주까지 전국의 웬만한 지역을 망라했다. 병영상인은 다른 상인들과 경쟁하며 때론 그곳을 장악하기도 하고, 때론 조용히 숨죽이면서 그들만의 역사를 계속해서 이어갔다.

신용을 중시하고 동료를 배려하다

병영상인은 타 지역에서 장사를 시작할 때는 병영 사람들이 그곳에서 먼저 시작한 업종은 철저히 피했다고 한다. 이렇게 서로 간에 존중하고 배려하는 마음은 자연스러운 전통처럼 계속 이어졌다. 또한 병영상인은 신용과 친절을 중시했다. 이러한 신용과 친절, 배려심 등 장사에서 중요한 덕목들은 하루아침에 이뤄지는 것이 아니다. 그들이 가진 오랜 상업의 역사가 그것들을 자연스럽게 몸에 배도록 했다.

장사만 고집하는 프로 근성을 갖추다

한 곳에서 장사를 배우고 그 계통으로 독립을 해 장사를 시작하는 것은 병영상인의 오랜 전통이었다. 난생처음 해보는 장사가 아니라 오랜 세월 물건을 다루는 법과 사람을 관리하는 법을 익혔으니 그만큼 실패할 확률이 낮았다. 이는 그들이 장사가 아니면 안 된다는 프로 근성을 가지고 있었기 때문이다. 보통 다른 상인은 돈을 제법 만지게 되면 다른 일도 해보려고 시도하기 마련인데, 병영상인들 중엔 평생 장사만 생각하는 이들이 많았다.

600년 병영상인의 비밀
장사의 기술

지은이 ㅣ 주희춘
펴낸이 ㅣ 김경태
펴낸곳 ㅣ 한국경제신문 한경BP

제1판 1쇄 발행 ㅣ 2014년 1월 15일
제1판 2쇄 발행 ㅣ 2014년 1월 25일

주소 ㅣ 서울특별시 중구 중림동 441
기획출판팀 ㅣ 02-3604-553~6
영업마케팅팀 ㅣ 02-3604-595, 583 FAX ㅣ 02-3604-599
홈페이지 ㅣ http://bp.hankyung.com
전자우편 ㅣ bp@hankyung.com
T ㅣ @hankbp   F ㅣ www.facebook.com/hankyungbp
등록 ㅣ 제 2-315(1967. 5. 15)

ISBN 978-89-475-2943-3   03320

값 15,000원